付克友 著

商魂复兴

中国式企业家的命运与转型

The Revival of
Business Spirit

 西南财经大学出版社

图书在版编目(CIP)数据

商魂复兴:中国式企业家的命运与转型/付克友著.—成都:西南财经大学出版社,2015.1

ISBN 978 - 7 - 5504 - 1555 - 3

Ⅰ.①商… Ⅱ.①付… Ⅲ.①企业家—研究—中国 Ⅳ.①F279.2

中国版本图书馆 CIP 数据核字(2014)第 188343 号

商魂复兴:中国式企业家的命运与转型

付克友 著

策　　划:谢廖斌
责任编辑:王正好
助理编辑:何春梅
封面设计:墨创文化
责任印制:封俊川

出版发行	西南财经大学出版社(四川省成都市光华村街 55 号)
网　　址	http://www.bookcj.com
电子邮件	bookcj@ foxmail.com
邮政编码	610074
电　　话	028 - 87353785　87352368
照　　排	四川胜翔数码印务设计有限公司
印　　刷	四川新财印务有限公司
成品尺寸	170mm×230mm
印　　张	10.25
字　　数	155 千字
版　　次	2015 年 1 月第 1 版
印　　次	2015 年 1 月第 1 次印刷
书　　号	ISBN 978 - 7 - 5504 - 1555 - 3
定　　价	35.00 元

序一：

叫魂企业家精神

叶 檀

叶檀：女，博士，知名财经评论家、财经专栏作家，《每日经济新闻》主笔。

商魂惆怅，从来如此。

中国历史上，没有隆重地祭祀过范蠡这位商人之祖，只是如今文化地产耳热之际，隆重抬出商人夺人眼球。

重农抑商的说法其实不准确，从汉朝盐铁专营开始，是政府自己经商以垄断地位获厚利，理由冠冕堂皇：是为了百姓福祉，商人获利进入自己腰包而朝廷获利则百姓得利。这样的逻辑延续了几千年，但出土的文物与当时的记载显示朝廷提供的铁器之粗劣。

王安石变法传唱至今，直到清末维新变法梁启超还在写《王安石传》总结得失。王安石变法初衷善良，在百姓青黄不接时提供青苗钱，青苗、均输、市易等办法，都是希望抑制豪强以朝廷之力实现公平市场，结果事与愿违，官府的劝导官们权力过大无人敢管，变成强买强卖，百姓则反受其害。

到明代更加有趣，开设皇店，明公正道地在繁华之地开设茶酒等店，雁过拔毛，成为皇家私帑。

政商博弈至今未绝，源于根基不断。一曰与民争利，比如专营制度在先秦就已经设立，官家尝到甜头欲罢不能。不要说战争、饥荒需要钱，朝廷库里总缺那最后一块银，所以专营体制连绵不绝。盐铁等重要物品专营不算，最终连茶酒烟炊具都专营起来，哪里还有民间市场经济的活路。

二曰不承认人性，无奸不商就是反映对商人歧视的现成例子。商人不是活雷锋，他们低买高卖甚至囤积居奇以获厚利，虽然说"天下熙熙，皆为利来;天下攘攘，皆为利往"，但传统文化对商人赢利总不那么自在和大度，对商业文化大砍大杀，现在找出的商业文化其实是农业文明中沿海残留的一些边角料，如丝绸之路、茶马古道、苏杭丝棉出口等，除了明中后期的白银时代，没有在正史中占据一席之地。到乾隆与英国邓嘎尔尼使团发生文化碰撞，传统商业文化没落，新型商业文化窒息，以后不幸与坚船利炮一起到来。

到了市场经济重要三十年的当代，商业生态中还不时浮现出上述两个幽灵。

比如国企理所当然地低价垄断资源，大量廉价资金源源不断地输送给国企，而对孙大午非法集资罪定义倒是得又快又狠，银行又何尝不是一种在严厉控制下的专营活动。而进口原油排产权等，无非是石油专营的新式借口。在很长时间内，没有人提出异议，因为30年的市场意识不敌数千年的专营传统。

也有改变，还很巨大，轻商变成重商，商学院遍地开花人人补上商业一课，没有人再迂腐地把钱与不道德等量齐观。但在市场规则尚未健全的社会，又发生了另一幕，商业能力常常无法与权力相提并论。通过权力的强行定价，动辄几十亿、几百亿元的收益落入腰包，令人哭笑不得的是，很多貌似还经过了资产评估、信用评级、招标等种种正常手续，如同在造假的文凭上模仿得惟妙惟肖的假印鉴。书中所写的丁书苗就是一个典型的"空手套白狼"的例子。法治市场基础不稳，政商结合对于市场的腐蚀作用是致命的。翻翻中纪委的案例，俯拾即是。

制度性的贪婪与信仰的缺失相结合，镀金时代的漩涡也就不远了，因此，建立市场经济，必须建立公平的法治经济，有尊严的法律是公平的守护神。

清末以来的维新变革史，充斥着西学为体、洋为中用等激烈的争论，百年之后国人有能力认识到制度经济学中制度的本体作用，引进技术如昙花一现，别忘记中国清末强大的海军的覆辙。

作者最后在书中呐喊，建立制度才能捡回商魂，有制度之根才有市场之花。诚哉斯言！

序二：
商魂复兴则中国复兴

李佐军

李佐军：著名经济学家，国务院发展研究中心研究员，资源与环境政策研究所副所长，博士生导师，人本发展理论创立者。博士师从我国权威经济学家吴敬琏研究员，硕士师从国际著名经济学家、发展经济学奠基人张培刚教授。

日本一学者在 20 世纪 80 年代初曾说，中国还没有真正的企业家。这话当初有很多人不理解或不服气。其实，我国计划经济体制下的厂长和经理，只不过是国家经济机器上的一个螺丝钉而已，与在市场经济大海中劈波斩浪的企业家相比，的确还有不小的距离。

当然，随着市场经济的发展，目前我国的企业家是越来越多了。但是他们身上的企业家精神是不是越来越多了呢？这是一个问题，而且这个问题与中国经济的转型升级，乃至与中国社会的前途命运都紧密相连。

企业家精神为什么重要？

首先，是企业家的聪明才智很重要。在四大生产要素中，最难获得的不是土地、资本和劳动力，而是企业家才能，古今中外概莫能外。不难发现，几乎所有的优秀或成功企业背后都有一位出色的企业家，可以说，一个企业若没有一位好的带头人，要想获得成功是不大可能的。因为其他三大要素要想转化为生产力，就必须通过企业家对其进行优化组合。

其次，企业家的聪明才智必须靠企业家精神来引领。思想决定高度，精神决定状态，企业家精神最终决定企业才能的发挥程度。

那么，什么是企业家精神呢？

在我看来，一个真正的企业家，有两个关键要素不可或缺：其一在于他的主要行为特征是追求创新；其二在于他的核心职责是追求合乎道德和法律的经济效益。在这样的行为特征与核心职责中体现出来的，就是企业家精神。

在这个意义上，并不是一个人被称为"企业家"，就天然具有了企业家精神。如果一个"企业家"，不择手段地"唯利是图"，或者并没有任何创新就可以坐拥巨额利润（比如垄断），那么很难说有什么企业家精神。

就此而言，我大体上认同本书作者对于中国企业家群体现状的判断。我很赞赏作者不是对此进行简单的道德评判，而是对企业家群体抱以同情和理解，从生存环境和制度土壤去寻找企业家精神缺失的根源。作者把"中国式企业家"作为传统经济增长模式的产物是有一定道理的。

本来，企业家追求经济效益是企业经营的内在要求。企业经营的本质是以尽量少的资源创造尽量多的新的社会财富，而中国既有的经济发展模式，主要表现为粗放型、外延式增长。企业外延扩张一般只是增加了企业控制和利用资源的数量，扩大了企业的活动空间，但由于缺乏创新的内在动力，而难以形成可持续的公平的竞争力。这种现象在国有企业里表现得尤为明显，不是经济效益而是资产规模扩张、机构发散和业务多元化成为企业经理的首要追求目标。事实证明，这种只重外延扩张忽视内涵发展的企业发展模式，是不可持续的，企业家精神在此也没有多少用武之地。

中国经济发展模式转型，在很大程度上就是要实现从外延发展到内涵发展的转变。在内涵发展中，就必须要有更多的创新。因此，中国经济发展模式的转型，离不开企业家精神的引领。

作者认为，中国企业家应该在经济发展和社会进步中发挥更大的作用，甚至成为最重要的推动力量。我深以为然。

我也认为，企业家群体的不断崛起和企业家精神的充分发挥，是中国经济转型成功的关键，是实现"中国梦"的关键。或者说，商魂复兴，则国家复兴、民族振兴。

那怎样才能让企业家精神充分发挥，让企业家群体在推动经济发展和社会进步过程中发挥更大的作用？这就既需要像本书作者一样进行认真的研究和思考，也需要由未来的改革发展实践来回答。

序三:
期盼商魂复兴

孙大午

孙大午:著名企业家, 2003 年轰动全国的"孙大午事件"当事人。孙大午多年来一直关注中国农民的前途命运,并呼唤中国企业家精神,被誉为"中国企业家良心"。

"商魂复兴"的主题很好,所写内容和关注的方向也很前沿。有商人在,则商魂系之;商魂之兴衰,实关系国家经济之命运。在一个不自由的社会里,最冲动、最有活力的群体就是商人,最失落、最容易受伤害的也是商人。

社会合理的经济结构,简而言之是"无工不富,无商不活,无农不稳"即工、农、商均衡发展。任何社会形态的经济都具有相同的需求,但由于制度的不同, 或是统治者的思维局限,不同社会形态的商人会有不同的结局。"无工不富",是富国家还是富百姓?"无商不活",是国家活还是民间活?封建社会的统治者其实最关心的是"无农不稳",因为稳定才是统治者最需要的,把人民固化在土地上种地是历代统治者都奉行的政策或强制的制度。

古往今来,封建社会、专制社会都会打压商人,中国历史上就没有一个美好的词汇来"褒奖"商人:"无奸不商"、"无商不奸"、"囤积居奇"、"投机倒把"、"瞒天过海"、"买空卖空"、"无利不早起"、"商人重利轻离别"……简直到了不堪入目的地步。在国外，善做生意的犹太人在 20 世纪还是举世挖苦的对象。可是历代社会的进步哪个时候离开过商人？人们的日常生活能离开小商小贩吗？画地为牢、自给自足的生活状态只能在一个贫穷的、原始的社会里存在。中国历朝历代的商人为社会做出了巨大的贡献，积累下很高的功德，但却稀有青史留名的。子贡是经商大才，也只因是孔门高徒而扬名；战国巨贾吕不韦为赢得社会地位从政，却留下毁誉参半的惨淡结局；红顶商人胡雪岩依附权贵致富而又用财富回报国家，却也成为政治斗争的牺牲品，最终钱财散尽，黯然离世……遍寻正史和坊间，罕见商人颂歌，只有商人悲歌、哀歌，无怪作者替"商魂"而"惆怅"！

从农耕时代进入工商时代，产生了资本家，资本家将会成为企业家。在自由的市场经济环境里，企业家不会再惆怅，也不会再迷茫；但在一个农耕社会向工商社会转轨期、一个计划经济向市场经济过渡期，商人、企业家们却是这个舞台上最深的惆怅者和最痛苦的受害者，或者说是悲喜剧演绎的主人公。改革开放三十年，从沈太福到曾成杰，商人是一路坎坷，一路悲喜交加……

或许马克思在资本主义初期阶段已经看到了资本家的资本剥削倾向，但他没有看到封建时代的资格剥夺比资本主义的资本剥削要恐怖可怕得多。资本主义是比封建主义进步的时代，资本能够自由流动，人员能够自由创业，人们相对封建时代获得了极大的自由，因此资本未必能形成圈住人的笼子，因为"穷没苗富没根"，财富随时变换着主人，尤其在公权力能够公平竞争，能够体现公正公平的社会环境里，公民在"等贵贱"的基础上，或许美梦就能成真，"均贫富"就不会带来打家劫舍那样的灾难。何况大多数资本家的归宿最终会走向企业家，如果说追逐利润是资本的本质，那么"创造"、"创新"和"人文关怀"就是企业家的归宿。

什么是企业家？在目前的中国，企业家是一个稀缺的资源，计划经济时代有工厂，而没有企业；在计划经济向市场经济转轨期，有了企业，却未必有企业家。比如国有企业，他们的董事长、总经理都是官员，能说是企业家吗？众多的小商贩，乃至生产假冒伪劣、有毒食品的非法经营者，他们能是企业家吗？只能叫资本家或是资本主义的萌芽。我想，真正的企业家，应该是独立的、自由的、创新的。没有自由之身，就没有自由之声；没有赤子之身，就没有赤子之心。这些不仅仅是自主经营、经济独立等概念，思想上也是前沿的，他们还要有忧国忧民的人文情怀，而这种企业家只能在民营企业里产生。企业家是物质文明和精神文明的创造者，企业家精神才真正能践行"三个代表"重要思想：先进生产力、先进文化的前进方向和最广大人民的根本利益。

我们呼唤中国的企业家精神，其实是呼唤中国的市场经济。没有完善的市场经济环境，企业家仍然会"商魂惆怅"，商人们仍然会"痛苦迷茫"。

世界潮流浩浩荡荡，仍然坚持计划经济的国家屈指可数，中国市场经济的曙光已经到来。

前言

2013 年，注定不平凡，也注定不平静。

这一年，中国发生了很多大事，中国经济发生了很多大事，中国企业家也发生了很多大事。

这一年，在一浪高过一浪的反腐大戏中，一系列巨贪的落马让人看到，一个个依附权力的财富神话破灭；这一年，在国有企业光鲜亮丽的成绩单背后，一些国企尤其央企高管落马引发社会关注；这一年，从"人民公敌"变身"大众情人"的房产大佬任志强，出了一本名叫《野心优雅》的自传，一时风行；这一年，创业青年的人生导师马云和东山再起的励志神话史玉柱，都先后宣布"退休"；这一年，企业家曾成杰因"集资诈骗罪"被秘密执行死刑，引发舆论轩然大波；这一年，"最著名"的慈善家陈光标，还在不遗余力以慈善秀来推广他的慈善理念；这一年，柳传志"在商言商"，一石激起千层浪，在企业家群体中产生了激烈争论……

如果一定要用一句话来概括这一年，没有什么比狄更斯《双城记》中那句被无数次引用的名言更合适："这是一个最坏的时代，这是一个最好的时代，这是一个令人绝望的冬天，这是一个充满希望的春天，我们面前什么也没有，我们面前什么都有。"

如果说中国经济在经历高歌猛进的 30 多年快速增长后，面临从"第一季"到"第二季"的升级转型，那么中国企业家同样来到了一个转型升级的十字路口。

与所谓"中国模式"的概念相呼应，作者提出了"中国式企业家"的概念。这个概念本身不带感情色彩，没有褒贬含义，只是指出了一个事实——如果说存在"中国模式"的话，那么也存在"中国式企业家"；中国式企业家，是中国模式下的"蛋"。

中国模式缺少了一味药，那就是企业家精神；中国式企业家也丢失了自己的灵魂，那还是企业家精神。

什么是企业家精神？企业家精神就是创新，就是不断发现市场、创造市场并且扩展市场的智慧和勇气，就是在"创造性的破坏中"推动科技应用、经济增长和社会进步的商业精神，简言之，就是商魂。

若问当下的中国经济最缺的是什么，答案是"企业家精神"；若问未来的中国经济最需要的是什么，答案还是"企业家精神"。

在市场经济上半场，是中国模式催生了形形色色的中国式企业家；到了市场经济下半场，则必须反过来，由拥有更多企业家精神的中国企业家，来推动中国经济的转型升级。

也就是说，中国企业家需要从中国经济的派生产物，变为推动中国经济的主导力量。

中国企业家需要找回自己的灵魂——企业家精神，才能不辱使命。

在本书中，笔者以一名媒体观察者的身份，试图从权力、国企、房产、金融、慈善、政治以及市场经济的阶段特征等多角度、多层面，直陈中国企业家缺失企业家精神的种种现象，追问中国企业家缺失企业家精神的制度根源，探寻中国企业家复兴企业家精神的可能路径。

付克友

目录

3　泡沫英雄

房地产泡沫成功塑造了任志强的预言家形象，也制造了房地产商中形形色色的中国式企业家。

4　草莽神话

在这个市场经济的草莽阶段，诞生了包括史玉柱东山再起、牟其中折戟沉沙、华西村天下无二等各种财富悲喜剧。

5　集资原罪

"非法集资"成为可以根据需要对民营企业家生杀予夺的"口袋罪"，犹如对准企业家精神的达摩克利斯之剑。

1

权力笼子

2013 年 9 月 24 日，被外界称为"高铁一姐"的丁书苗在北京受审。法官问：职业？她回答：农民。

就是这样一个农村妇女，竟在近十年间游走于铁道部高层、央企之间，呼风唤雨，华丽变身成为身价几十亿的大老板。

丁书苗究竟有什么样的能耐？权力，正是依附垄断权力，构建了她的黑色财富帝国。而原铁道部部长刘志军，就是其幕后权力的集大成者。

中国特色的市场经济，权力无处不在，控制太多的经济资源。这是官商勾结的现实基础。

习近平说，要把权力关进笼子里。对市场经济来说，控制太多资源而又不受制约的权力本身，就是囚禁和扼杀企业家精神的笼子。

一、"高铁一姐"丁书苗

"高铁一姐"丁书苗是官商勾结的一个典型标本。

案发前，她是山西省煤炭进出口公司北京分公司经理、北京博宥投资管理集团有限公司法人代表。检方指控，她涉嫌非法经营 1800 亿元之巨，并从中渔利 30 多亿元，向多人行贿 8900 万元。

丁书苗本人并没有任何背景。1955 年，她生于山西晋城市沁水一个偏僻山村，早年丧母，家境贫寒，连小学都没有毕业。

但丁书苗一向颇有经济头脑和商业意识。她在 20 世纪 70 年代割资本主义尾巴的年代，就敢于"投机倒把"，去各家收鸡蛋到县城卖，还抓过蝎子，开过小饭店。晋城煤炭资源丰富，拉煤车很多，听说运煤很赚钱后，精明的丁书苗筹钱买了一辆车，自己跑起了煤炭运输。

在乡亲们眼中，丁书苗胆子大，是远近闻名的女强人，但她显然并不满足于此，她觉得靠自己的这种打拼赚不了大钱。

20 世纪 80 年代，山西公路并不发达，大量的煤如何外运一直是个十分头疼的难题。丁书苗看准了铁路运输这个大机遇。铁路运输最重要的是火车车皮，弄到车皮就能赚钱，而这需要关系。于是，丁书苗能说会道、善于搞关系的能力派上了用场。

根据各路媒体的广泛报道，其中一个故事令人印象深刻。当年，没有人脉的丁书苗直接到铁路部门找关系，但人家看她是从农村来的根本不搭理。但丁书苗不死心，蹲在领导宿舍门口，不关门时，她就溜进去，把领导的床单、衬衫、外衣甚至裤子、内裤都拿出去洗。最终，她把领导感动了，获得了车皮。[①]

于是，凭借这样的关系，丁书苗赚取了人生第一桶金，也获得了走向亿万富翁的"宝贵经验"。

---

① 赵倩. 原铁道部系列腐败案涉案人丁书苗昨受审[N]. 成都商报，2013-09-25(23).

这样的"宝贵经验"，无论对法治社会还是市场经济来说，显然都是一种悲哀。可是对于没关系、没背景的丁书苗来说，她不去给领导洗衣物，还能有什么办法去搞关系呢？

从此，丁书苗一步步结识铁路系统更高级别的官员。不认识领导，她就找领导的保姆、司机或秘书，最后总能顺藤摸瓜找到领导。

依靠和铁路部门的关系，丁书苗获得的"车皮计划"越来越多，后来干脆做起了"车皮计划"的生意。她先靠关系获得车皮，再充当中间人，把车皮转让给需要用车皮运输的个人和企业。与贩煤相比，贩车皮更划得来，只要关系稳定了，就属于包赚不赔的"无本生意"。

接近丁书苗的人士总结说，丁能脱颖而出，全靠与官员的关系，"借来 10 块钱，她能用其中的 8 块钱去搞关系"。据公开报道，丁书苗采取这样的方式，不仅搞定了山西铁路系统官员，后来还跑到郑州，摆平了郑州铁路局的关系。

当然，靠这样的关系手段，丁书苗也摆平了刘志军。1998 年，丁书苗在北京经中间人介绍，结识时任铁道部副部长的刘志军。丁书苗从此"搭上"摇钱树，尤其在 2003 年刘志军当上铁道部部长之后，在其特有的交往方式下，丁刘二人关系日近，最终获得刘志军深度信任。

丁书苗得意之时，在铁路系统可谓呼风唤雨，左右逢源。刘志军判决书显示，从 2004 年起，他就帮丁书苗"拿车皮"，让丁获利。2007 年后，刘志军又在高铁工程中让丁书苗以招投标的"潜规则"牟取暴利。

检方认定，丁书苗通过刘志军干预招标，先后帮助中国水利水电建设集团公司，中铁十局、十三局、二十局集团有限公司等 23 家公司中标了"新建京沪高速铁路土建工程 3 标段"、"新建贵阳至广州铁路站前工程（楼盘）8 标段"等 50 多个铁路工程项目，非法经营数额 1788 亿余元。这一金额与 2010 年山西省财政收入（1810 亿元）相差无几，同时也是 2010 年全国铁路投资总额（7074 亿元）的四分之一。①

丁书苗等人的非法经营行为，就是指从这 50 多个铁路工程项目中，按工程标

① 张玉学. 涉案 1858 亿获 20 亿　丁苗书受审［N］. 新京报，2013-09-24.

的额度的 1.5%~3.8%，收取共计 30 余亿元的"中介费"，其中丁书苗违法所得共计 20 余亿元。

丁书苗的辩护律师当庭总结丁书苗的"盈利模式"：即投标人通过中间人找到丁书苗，将投标企业想中标的意思传递给丁书苗，丁书苗写条子递给刘志军，刘志军打招呼让投标的企业中标，企业给中间人中介费，中间人再分给丁书苗。

虽然丁书苗获取巨额利润，但多年来刘志军并不索要，对丁书苗极其信任。丁书苗说，她和刘志军是"铁杆朋友"，"我有了钱，就四处活动，为他引荐各方面重要关系。我为了靠他的权力谋取更多的经济利益，对他更加言听计从。"落马后的刘志军曾说，他帮助丁书苗把企业做大做强，是为自己的仕途打造经济基础，以备在自己需要的时候，丁能为他奔走。

相互利用、各取所需，官商勾结的利益共同体，就是这样形成的。

事实上，丁书苗对刘志军交待的事，也不惜财力，全力以赴，"花多少钱从不吝啬"。原铁道部党组成员、政治部主任何洪达涉嫌严重违纪被查，刘志军担心受到牵连，丁书苗就委派女儿侯军霞四处托人，花费了 4400 万元，何最终被判 14 年有期徒刑。2008—2010 年，刘志军为了到地方任职省委书记，让丁书苗找关系为其职务调整创造条件，丁书苗向刘志军报告称花了 1000 万元，实际上花了 500 万元。相关材料证实，丁书苗涉嫌行贿的这两笔共计 4900 万余元，均被骗走。①

丁书苗在捞取政治资源的同时，也不忘为自己捞取社会资源。案发前，她是扶贫名人，曾任中国扶贫开发协会副会长，并登上福布斯中国慈善榜。为了树立这一正面形象，她先后 38 次向国务院扶贫领导小组办公室外资项目管理中心原主任范增玉行贿 4000 余万元。

这样一个丁书苗，与其称她为"企业家"，不如称其为"关系活动家"。在丁书苗身上，看不到什么企业家精神，因为关系比企业家精神管用得多，能靠近权力、俘获权力就能拥有牟取暴利的机会。

在这个官商勾结的典型标本里，人们看到贪官和权力监督的制度漏洞背后，站着一个攀附权力的非法商人。然而更应该被看到的是，一个个丁书苗站起来的

---

① 王佳宁. 丁书苗为刘志军捞人跑官被骗 4900 万内幕披露［N］. 新华社，2013-09-25.

后果，是真正的企业家精神被消灭掉。

因为丁书苗树立了一个坏形象。这个坏形象说明，在权力支配过多资源的这样一个环境里，拼市场、靠创新，哪有依附权力来得快？企业家精神是廉价的，而关系才是王道。

中国为什么很少出现像比尔·盖茨那样具有创新精神和世界胸怀的企业家？在丁书苗案中也许可以找到这个疑问的答案。因为"比尔·盖茨"永远都是市场资源配置的产物。就此而言，试问："刘志军们"扼杀了多少个"比尔·盖茨"？这是比"刘志军肥了一个丁书苗"更值得深思的问题。这才是"刘志军们"最大的社会危害性所在。

问题是，现实的中国不只有一个刘志军，也不只有一个丁书苗。

二、巨贪门下多巨贾

几乎每一个落马的巨贪背后，都会伴随一个甚至多个企业家的落马，这不是偶然的现象。当然，反过来也可以这么说，很多落马的企业家，都牵出了一个个贪官。

中共十八大以来，党中央高举反腐利剑，截至 2013 年年底，落马的副部级以上的高官，就有十余名。这个名单上包括：原四川省委副书记李春城；原中共广东省委常委、统战部部长周镇宏；原国家发改委党组成员、副主任刘铁男；原安徽省人民政府副省长、党组成员倪发科；原四川省文联主席，曾任四川省委常委、副省长的郭永祥；原内蒙古自治区统战部部长王素毅，原广西壮族自治区政协副主席、总工会主席李达球；原中国石油天然气集团公司副总经理兼大庆油田有限责任公司总经理王永春；原国务院国资委主任蒋洁敏；原南京市委副书记、市长季建业；以及贵州省委常委、遵义市委书记廖少华，湖南省政协副主席童名谦等。

如果把时间推移到 2014 年 7 月，则已经有超过 30 名以上副省级以上高官遭到调查。在如火如荼的反腐风暴之下，这个数字显然还将继续创出新高。①

---

① 闵云霄. 十八大后 30 名高官 40 名国企高管落马 四川遭大清洗［J］. 中国企业报，2014（7）.

随着这些高官的轰然倒下，一批企业家也跟着倒下，而且落马的企业家人数只会更多不会更少。

在 2012 年 12 月，李春城被中央纪委立案调查后，成都会展旅游集团董事长邓鸿、四川郎酒集团董事长汪俊林、四川金路集团股份有限公司董事长刘汉、成都国腾实业集团有限公司董事长何燕等均被卷入，四川数名厅局级干部及房地产老板亦在公众视野消失多日。

而刘铁男案线索的重要突破口，正是温州籍造纸业商人倪日涛。在造纸业界，倪日涛以擅于资本运作著称，他在短短几年内通过重组大量国有造纸企业迅速做大。其惯常的运作手法是，邀请审批链条上的官员或其家属出任公司股东和高管。在这些官员中，刘铁男是职位最高的那位。2011 年 11 月，《财经》报道倪日涛涉嫌骗贷，以跨国收购加拿大一家造浆厂。而刘铁男之妻郭静华、之子刘德成，曾在倪日涛的涉事公司拥有股份。2012 年 12 月 6 日《财经》杂志副主编罗昌平曾实名举报刘铁男与商人倪日涛"官商勾结"。①

这些省部级高官的官商勾结中，最具有代表性的恐怕是原南京市委副书记、市长季建业和苏州金螳螂装饰股份有限公司董事长、江苏首富朱兴良的"二人转"。

2013 年 7 月，金螳螂实际控制人朱兴良先一步被异地检查机关带走"协助调查"。10 月 16 日，南京前市长季建业被中纪委从南京带走。而季建业与朱兴良交情深厚，二人在 20 世纪 80 年代末就相识。

2006 年，金螳螂登陆深市中小板，成为国内装饰业第一股。上市 8 年，金螳螂的股价表现犹如一匹黑马，公司复权价接近 300 元，8 年翻了 30 倍。至 2012 年，金螳螂年净利达 11.11 亿元，近三年的净利增幅分别为 93.7%、88.5%、51.7%。

这是令人恐怖的数据。总市值逼近 300 亿元的金螳螂，由此成为苏州市值最大的上市公司。公司实际控制人朱兴良也在 2013 年以 189 亿元的身家成为江苏新首富。

---

① 唐易. 刘铁男"双开"起底：他错过了很多"机会". 中国江苏网，2013-08-15.

事实上，正是季建业与金螳螂在苏州、扬州、南京等地的频繁"交集"，书写了金螳螂的成长史和朱兴良的发家史。

据《经济观察报》报道，1996—2001年，季建业在昆山为官，最高官至市委书记。2001—2009年，季建业任扬州市市长，2004年后，官至扬州市委书记。在此期间，金螳螂在昆山、扬州频频获单。尤其是季建业主政扬州的8年，金螳螂赢得了IPO前的业绩大冲刺以及上市前三年的业绩大腾飞，几乎垄断了扬州所有政府工程的装潢业务。2009年，季建业移步南京后，金螳螂在南京的生意也开始多了起来。①

季建业因在古城南京大拆大建，将偌大的南京城挖得千沟万壑，而被市民取绰号为"季挖挖"，甚至被起了一种动物的名字——"吉娃娃"。①

季建业的确是金螳螂的"吉娃娃"。当然，金螳螂也的确是季建业的"金罐罐"。媒体披露了这样一个细节：季建业安家于苏州，但季建业从南京回苏州时，通常都不回家，而是住在朱兴良的金螳螂会所。这一可见二者关系亲密，二可窥见利益输送之一斑。

三　曲高和寡的"不行贿"

企业家是利润最大化的追逐者。所谓天下熙熙皆为利来，天下攘攘皆为利往。如果依附权力，就可以获得利润最大化，这当然会对企业家群体形成一种强烈的利益引导机制和示范效应。反过来看，如果不依附权力就寸步难行，也会对企业家精神形成某种逆淘汰机制。

最后，真正的企业家反而被大浪淘沙淘汰掉了。

在这样的背景下，如果一个成功的企业家说他"不行贿"，那就需要莫大的勇气，而且需要接受公众的质疑和检验。

---

① 仇子明. 金螳螂发家始于"吉娃娃"季建业：股价8年翻了30倍［N］. 经济观察报，2013-10-25.

万科的创始人王石有这样的勇气。

媒体通常都会给王石两个头衔，登山家和企业家。他表示，如果让他二选一，他会非常果断地选择企业家，因为那是他的立足之本，而登山只是业余爱好。很有意思的是，在 2009 年，他有了第三个标签，就是"不行贿者王石"。

王石说："从我到深圳创业开始，不行贿就是我做事的一个基本原则和底线。我这么做，我的企业也这么做。"

有人质疑：个人不行贿可以理解，但作为一个上市公司的董事长，你能保证你的公司没有行贿行为吗？王石表示，如果你假定这个社会就是一个行贿的社会，不行贿你就会无法生存；但是如果你假定这个社会虽有受贿的风气存在，但也有不受贿的廉洁官员，那么你坚持不行贿就不那么困难了。而且，一个公司，如果从制度上确定一件事情不能做，那么财务上就无法支出，行贿之事自然就办不成。

王石认为，做生意有三种。第一种是垄断经营，比如电力、石油、电信、铁路运输等，毫无疑问稳赚钱，但外面的人无法进入。第二种是机会主义，像 20 世纪 80 年代的深圳企业，几乎全是什么赚钱就干什么，从贸易到股票、地产、期货，都是高额利润行业。这是在特殊时期、特殊环境中的偶然事件，不具备可持续性。第三种就是稳稳当当、老实本分、一步一个脚印地做生意。王石称，第三种就是万科的发展路径。比如，万科不通过各种"行业潜规则"去拿土地，而是通过投标拿地。当然导致的结果是万科往往拿不到便宜的土地和好土地。不过，万科可以从专业方向去谋求出路，到市场上去找办法，去研究客户、研究消费者，继而拿出对策。

在他看来，一个企业在最初起家的时候可能要寻求一些关系或者钻一些政策的空子，但是要持续发展，就不能这样一条道走到黑。中国进入市场经济，逐步规范化和透明化是必然的趋势。

令人悲哀的是，太多人并不相信王石的说法。首先，是不相信"王石不行贿""万科不行贿"的真实性。其次，是不相信在中国的市场环境中，不行贿也可以像万科和王石这样成功。

这是王石的亲身经历。他有一年到北京大学的光华管理学院给学生讲"企业伦理道德"，当讲到万科不行贿时，讲师问学生："相信王石先生不行贿的请举手。"结果举手的不超过 1/3，而且王石相信这 1/3 中有的人还是给他面子才举的手。这种情况持续了 8 年，直到 2008 年，他再一次到光华管理学院讲课，那位讲师已经成为教授，把第一次讲课的录像放了出来，又问："下面请相信王石先生不行贿的举手。"这一次举手的人数也不过半数而已。①

但是不相信王石的，还不只是普通市民，连业内人士也和他唱起了对台戏。

著名开发商任志强在一次接受采访时就表示：王石说不行贿，我觉得是说"我不行贿"，但不等于手下的人不行贿。万科被判刑、被抓起来的人比我们公司多得多了。就是因为过去这些东西多了，所以他现在才说"我不行贿"，所以他才加强管理。

任志强还放话称：王石老丈人（广东省委原副书记）对他的保护也很不错啊，如果不保护，当年那次牢狱之灾后，他可能彻底没戏了。有些东西他心里应该清楚，没有这样一个老丈人，自己会不会比别人更惨？

任志强的潜台词也许是：王石不行贿，只是他不需要行贿了。因为有强硬关系的人罩着他。

不过这样的潜台词也可以用在任志强身上。任志强信誓旦旦称："我坚决不干官商勾结的事，也不给领导找那些麻烦。我们不需要官商，我们完全是市场化。我更看重作为市场经济基础的契约精神和制度建设。"

但是作为红二代，他和许多高层官员都有往来。如他自己所说：俞正声给他的第一本书作过序言；王岐山经常半夜里给他打电话，当上副总理后也一样；马凯曾是华润的董事；何鲁丽也给他的书写过前言，等等。② 这些关系在别人看来，那可是金钱买不到的。

换句话说，有强硬关系的任志强，也不需要行贿。

至于第二种不相信的，甚至也包括王石自己。他在一次企业研讨会上就承认：现在的房地产界，行贿是常态，不行贿反倒成了另类。他调查多少人没行过贿，

---

① 王石. 王石说：我的成功是别人不再需要我［M］. 杭州：浙江大学出版社，2012.

② 劳林，秦筱. 任志强：我只是媒体的万能工具［J］. 壹读，2013（10）.

结果举手的只是很小一部分，这些人"还小心翼翼地看那些没有举手者的脸色，一个个就像小偷一样"。也就是说，王石很清楚业内现状。

另一个房产大佬、2013年新晋的中国首富王健林一边声称"敢打包票"，万达增长只靠市场；一边也承认：在中国，没有几家企业敢公开说"从没行贿"，没有几家敢说完全照市场规则经营。

不过，还有两位浙商也敢于公开这样说，一位是鲁冠球，一位是马云。被称为商界"常青树"的鲁冠球坦率地承认，他从来不会与政府争夺利益，政府做的他坚决不做。而马云的秘诀在于：与政府走得很近，但不会与特定的官员走得很近。

马云和鲁冠球已经成为中国商界的标杆人物。也许恰恰是他们有了今天的成功，从而有了这样的底气。但这更像是基于自身实力的自信，以及面向未来的一种承诺。

四、权力大得装不进笼子

丁书苗案中有一个故事耐人寻味。有一次，她因表现得像"大老粗"，曾被刘志军骂"猪脑子"。

2008年上半年，丁书苗实际控制的高铁传媒广告有限公司成立。2010年，刘志军对她说，铁道部主办的第七届世界高铁大会要召开，要让她的广告公司协调进来参与广告业务。但她什么都不懂，问刘志军开高铁大会和她有什么关系。刘志军说，有20多家国企会参与，她的高铁传媒广告公司可以和这些国企签订合同，做广告业务。丁书苗还没闹明白，就继续问刘志军签这些合同挣不挣钱。

"刘志军当时很生气，说我是猪脑子。"丁书苗看刘志军很生气，就没敢再问。之后她按照刘志军的吩咐行事，最终赞助资金1.25亿元转入了高铁传媒广告有限公司。丁书苗说，她自己都不知道这事是怎么办的，只知道钱确实到了公司账上。①

---

① 裴晓兰. 舍得养官，昔日农妇摇身变巨富［N］. 京华时报，2013-09-25.

这个故事说明，刘志军的权力有多么值钱！

为什么刘志军的一句话，就可以"价值千金"？因为他屁股下面坐着一个铁道部。

在铁道部撤销并组建铁路公司的时候，有一个通俗的说法是"铁道部资产4.3万亿元，负债2.66万亿元，资产负债率为61.81%"。但这样一个巨大的数据也被怀疑"太谦虚"。哈尔滨铁路局的一名列车长说，哈铁局的资产就有400多亿元，以铁路每公里2亿元评估，全国近10万公里的铁路线路有20万亿元的资产，这还不包括车站以及铁道部每年购买的机车、工厂等固定资产。①

处在这样一个铁道帝国的塔尖，刘志军在很多铁路项目招标中，拥有一言九鼎的权力。高铁行业流行这样一句话："有实力的拿关系，没实力的才干活。"而高铁项目最小的标底都在十几亿元以上。和房地产项目中的一级开发商、二级开发商一样，中标公司通过关系把项目拿到手后，把工程再次外包给其他公司，自己则可以坐享其成，分掉一大部分"介绍费"。

根据官方信息披露，因刘志军滥用职权造成的经济损失，司法机关连并其他相关案件扣押、冻结7.95亿余元人民币，23万余美元、223万余欧元、8525万余港元、15万余加元，冻结股票账户9个，冻结房产37套，冻结伯豪瑞庭酒店100%股份和房产337套，扣押汽车16辆，冻结英才会所100%股权、智波公司60%股权，扣押书画、饰品等物品612件——这只能说明，他的权力太大，掌握的资源太多，受到的制约太少，谋财太容易。

而当权力达到一定高度，甚至可以不用说一句话，就能心照不宣地完成权钱交易。

在官商勾结中，企业家犯罪和企业家精神的沦落，需要从权力身上去找原因。首先在于权力太大了，其次在于权力受到的制约太少了。而问题是，因为权力太大，制约权力也成了一个很难完成的任务。

权力太大，首先表现在政府占据的经济资源太多。按照经济学家陈志武的计

---

① 金微. 铁道部资产疑被低估 4.3 万亿不含地方铁路局家底 [J]. 每日经济新闻，2013-03-14.

算，2007 年中国的 115.6 万亿元资产财富中，只有 27.6 万亿元是属于民间的，剩下的 88 万亿元属国家所有。如果 2008 年中国 GDP 和资产价值都上升 10%，那么，老百姓从资产升值中得到 2.76 万亿元，而政府能得到 8.8 万亿元。政府从经济增长中所得到的份额，是民间的三倍。

以 2007 年为例，国家财政税收增加了 31%，达到 5.1 万亿元，占 GDP 的 21%，相当于 3.7 亿城镇居民的可支配收入、12.3 亿农民的纯收入。也就是说，政府一年花的钱等于 3.7 亿个城镇居民、12.3 亿农民一年可以花的钱。

关键是，政府的财政收入每年还在以超过 GDP 和国民收入的速度增长。

政府在拥有这么多现成的经济资源之外，还有一项举债的资源，也就是说，政府不仅可以花今天到手的钱，还可以在今天花未来的钱。

地方政府的债务规模到底有多大，一直是各方关注的焦点。据 2013 年国家审计署的核定，全国各省、市、县、乡（镇）四级政府负债或将超过 14 万亿元，和上一轮审计相比，新增债务规模增幅较大。与此同时，很多学者和机构都做了推算：18 万亿元、20 万亿元，有外资投行甚至认为会超过 24 万亿元。

这样庞大的地方债，一方面是权力在今天掌握的经济资源，另一方面也是中国未来的经济风险。

权力太大，其次表现在政府的审批权力太多。中国从 2001 年开始全面启动行政审批改革，先后分六批取消和调整 2497 项行政审批，占原有总数的 69.3%。十八大后，中央决定减少行政审批，半年多时间，中央政府取消和下放 221 项审批事项，但仍然远远没有到位。从中央来说，现在国务院各部门行政审批事项还有 1700 多项，地方政府的行政审批就更是多如牛毛。

《人民日报》的报道称，近三年 1539 家受调查企业每家每年平均向政府申报审批项目 17.67 个，单个项目涉及的审批部门平均为 5.67 个、审批程序平均为 9.4 道，受调查企业审批时间最长项目的平均值为 171.35 天，其中最长约为 1500 天。[①]

权力如此之大，如何把权力装得进笼子？

----

① 陈清泰，张永伟. 行政审批何其多，项目审批最长 1500 天［N］. 人民日报，2013-06-17.

著名经济学家樊纲在《腐败的经济学原理》写道，在我们这样的一个经济社会里，腐败现象多，根本的问题不在于有私心的人多，也不是"法制不健全"——相对于要监督的对象的数目来说，法律健全起来太难了；而在于"公权"存在的场合太多了。因此，要想把我们经济社会中的"以公权谋私利"这种腐败现象减少到最低程度，更重要的一种体制改革，还是在于"减少公权的数目"，缩小政府的规模，减少花公家钱、"玩"国有资产的机会，把更多的事交还给个人与市场去做。

权力装不进笼子，就会成为企业家精神的笼子。这个笼子关住的，还不止是现有企业家的创新精神和市场活力，更重要的是来自年轻人的创业热情和创富源泉。

五、"国考热"这面镜子

2013 年 9 月 11 日，在诺贝尔奖北京论坛上，2006 年经济学奖得主埃德蒙·菲尔普斯谈到中国经济缺乏创新的问题时说："很多受教育程度良好的年轻人，都挤着想去做公务员，这是一种严重的浪费。"他表示："我们希望看到聪明的年轻人对妈妈说：妈，我去西部、去南部、去北部开公司去了！"

"当然，每个国家都需要公务员，但政府机构不是给年轻人的，这是低估了他们的能力，是大材小用，也浪费了社会花在他们身上的教育成本。"菲尔普斯认为。[①]

与菲尔普斯的警告相呼应的是，中国一浪高过一浪的国考热。

按照媒体的统计，这场被称作"中国第一考"的考试，报名人数已由 1994 年的 4400 人，增至 2014 年的 152 万人，20 年间涨了 344 倍。招录比例也由 1994 年的 9∶1，提高至 2014 年的 77∶1！[②]

随着公务员考试录用制度的确立及完善，国考从无到有，从早期的几百个岗位小范围试点，到近年来每年招录 1 万个职位左右；报名人数也从最初的数千，

[①] 金煜，陈白. 诺奖得主埃德蒙.菲尔普斯：中国年轻人做公务员是"严重浪费"[N].新京报，2013-09-12.

[②] 盛岚. 国考 20 年报考人数涨 344 倍，连续 6 年突破百万[N]. 新京报，2013-11-07.

稳定为连续 6 年突破百万。

另一个引人关注的数字，是每年的最热职位。高居榜首的是 2013 年，"国家统计局重庆调查总队南川调查队业务科室科员"，招录 1 人，吸引了 9411 人报考，堪称"万里挑一"。此外，2011 年，"国家能源局能源节约和科技装备司技能与科技处主任科员"的竞争比例也达到 4961∶1；2012 年，"国家民族事务委员会民族理论政策研究室科研管理处主任科员及以下职位"的竞争比例为 3992∶1。

至于 2014 年，有 37 个招录职位的报名比例超过 1000∶1。国家民委的"民族理论政策研究室一处主任科员及以下"职位，竞争比例达到 7183∶1，第二名是该研究室下"研究二处主任科员及以下"职位，比例达到 6510∶1。

国考热就像一面镜子，照见了行政权力的"热"与市场权利的"冷"，并主导了优秀人才尤其是企业家人才的流向。

的确，公务员队伍也需要优秀的人才。但是一个社会优秀的人才，尤其是企业家人才资源总是稀缺的，太多的优秀人才往公务员队伍跑，显然并非公众利益和社会财富最大化的优化配置。

事实上，企业家人才在政府与市场之间的配置，是经济发展的决定性因素之一。因为政府的职责只是提供公共产品，进行财富再分配，但是它本身并不能创造财富。当大量的企业家人才集中在政府部门，无疑是对人才资源的巨大浪费，甚至可能适得其反，因为企业家才可能被用到寻租、腐败等损害公共利益的活动中去。而当更多的企业家人才在市场中从事工商业活动，才算人尽其才，他们能更有效地利用资源、降低成本、促进技术创新，从而创造更多的社会财富。

是什么因素左右了企业家人才在政府和市场之间的配置呢？在经济学家张维迎看来，关键就看这个社会是基于职位的权利体制，还是基于财产的权利体制。前者意味着行政权力，后者意味着市场权利。前者向后者的转型，就犹如当年的下海热，激励了越来越多的企业家人才投身市场，从而促进了中国经济的增长。

然而，这种转型遇到了难题。"国考热"反映出企业家人才的流向发生了某种改变。77∶1 的录取比例，可以看成是人才资源的一种"国进民退"，那么，与之相辅相成的，正是市场资源和社会资源的"国进民退"。

一方面，权力太大，掌握的资源太多，对年轻人产生强大的诱惑力。

对每个年轻人来说，他们争当公务员，其实是利益最大化的理性选择；但是，对整个社会来说却是人才浪费的非理性选择。根源就在于权力支配太多资源。人才资源的配置，是经济资源配置的一种结果。是权力配置资源，还是市场配置资源，决定了年轻人的职业走向。年轻人争做公务员，表面上看是为了有更好的福利，更稳的饭碗；深层次看，却反映出权力能够支配更多的资源。

另一方面，市场受到压迫，自由空间不够，对年轻人的吸引力降低。

世界银行发布的 2013 版全球经商报告显示，中国经商环境在全球 185 个国家和地区中排名第 91 位。这很能说明问题。

当社会不再激励和奖励创造价值的企业和民众，而将人们的聪明才智、时间精力引向权力，从财富再分配中获取利益，结果必然是价值创造部门的萎缩，以及企业家精神的衰落。权力吸引了年轻人的同时，权力也就"浪费"了年轻人。而浪费年轻人，就是浪费中国经济的前途与命运。

不过，这个过程中似乎也存在企业家人才"国退民进"的现象。在 2013 年，广州南沙区常务副区长孙雷辞职从商，出任杭州传化科技城有限公司总裁，以及广州市公安局政治部人事处处长陈伟才辞职下海，成为格力副总裁，为媒体所关注。但这恐怕还很难说纯粹是市场吸引力的结果，实际上是积累的官场资源提供了一个快捷的下海直通车，因此更像是权力配置资源的表现。"一穷二白"的年轻人的职业选择才更能说明问题。

要从整体上改变人才资源的流向，激发社会的企业家精神，说到底就是要把权力关进笼子。

要把权力关进笼子，首先就要政府更多地退出市场，缩减权力。即国务院总理李克强所说的："市场能办的，多放给市场；社会可以做好的，就交给社会；政府管好它应该管的事"。同时，要通过制度建设，实现对权力的约束和监督。这就是中共中央总书记习近平所说的："建章立制非常重要，要把笼子扎结实，牛栏关猫是关不住的。"

而怎么检验成效？一个最简单而又可信的标准，就是看中国的年轻人是否还在争当公务员。

2

国有病灶

2013 年，中国的一些国企尤其是央企高管的落马惹人注目。

从党的十八大召开到 2013 年 12 月，先后 15 名国企高管落马。自 2013 年 7 月开始，每月都有大国企或者央企重要高管被查，中国石油、中国远洋、中国铝业等央企均榜上有名。

国企成了腐败重灾区，这源于一种什么样的国企病灶？

严格地说，国企高管不是真正的企业家，而是由组织任命并接受体制考核的官员。他们手握巨大的经济资源，又缺乏有效产权制约，很容易发生"内部人控制"下的监守自盗。

同时，占据"长子"身份的国有经济，与民营经济形成了不公平的市场竞争格局。

缺乏真正的企业家精神，又源于一种什么样的国企病灶？

一、垄断的"是与非"

原国务院国资委主任李荣融曾经非常郁闷："我想不明白，为什么国企搞不好的时候你们骂我，现在我们国企搞好了你们还是骂呢？"[①]

这是第一个问题：国企搞得好吗？李荣融的答案是"好"，而且"非常好"。

在美国《财富》杂志公布的"2013年世界500强排行榜"中，中国企业数量达到95家（包含港台企业），占19%，继续位列世界第二。这也是中国企业连续第十年实现财富500强榜单上的数量增长。此外，上榜企业总收入为5.2万亿美元，占500强总收入的17%。同时，在2013年财富500强新上榜的31家企业中，中国企业占据六成，达18家，是新上榜企业的国家中最多的。从1995—2013年这18年间，中国上榜企业的数量增长30多倍。

要明白，中国内地大部分的世界500强都是国企，民营企业可谓凤毛麟角。新上榜的16家企业中，仅有两家为民营企业。

在榜单前十位中有3家是中国企业，其中中石油、中石化分别比上一年前进一位，位居第四和第五；国家电网位列第七，与2012年持平。毫无疑问，它们无一例外都是国有央企。

而在中国企业联合会发布的"2013中国企业500强"上，中石化以2.83万亿元营收连续九年排名第一，中石油和国家电网以2.68万亿元、1.88万亿元紧随其后，中国工商银行、中国建设银行、中国农业银行、中国银行、中国移动、中国建筑、中海油分列四~十位。它们无一例外，也都是国有央企。

按照李荣融2010年的说法，这些国有企业尤其是央企"是我国综合国力的重要体现"。

它们不仅实力强大，而且最能赚钱。

据财政部的数据，2011年全年，全国国有企业累计实现利润总额22556.8亿

---

① 张伟. 央企的真相不只一个 [N]. 中国青年报，2011-04-19(10).

元，其中央企更是日进斗金。以 2010 年的数据为例，中国烟草总公司当年净利润为 1177 亿元，日赚约 3.2 亿元。另外，中石油、中国移动、中海油、中石化、神华集团每日分别可净赚 3.4 亿元、2.66 亿元、2.03 亿元、1.98 亿元、1.28 亿元。

而银行业，更是其中的"最赚钱行业"。2013 年中国企业 500 强共有 15 家商业银行入选，15 家银行总计实现营业收入 4.26 万亿元，占上榜企业营收总额的 8.5%，平均收入利润率为 23.6%。其中，"工、农、中、建、交"五大国有商业银行营业收入总额只有 500 强总和的 6.2%，但利润却占到 500 强总额的 35.6%。

官方数据显示，"十一五"期间，中央企业资产总额年均增长 18.2%；净利润也翻了近一倍，由 4642.7 亿元增加到 8489.8 亿元，年均增长 12.8%；上缴税金由 5779.9 亿元增加到 1.3 万亿元，年均增长 17.6%。

越来越强大，也越来越赚钱的国有企业，难道搞得还不"好"吗？

第二个问题是：国企尤其是央企为什么搞得这么"好"？答案是垄断和不公平竞争。

2010 年 9 月 14 日，刚刚卸任国资委主任一职的李荣融在天津夏季达沃斯论坛上表示：中国还处于初级阶段，某些行业出现垄断是正常的，如果没有中石油、中石化、中海油这 3 个石油企业，中国经济早乱了。[①]

这就是引发广泛争议的"垄断有功"论。

据统计，2013 年入围世界 500 强的中国企业，约有 60% 的总部集中在北京，包括三大石油企业、三大电信运营商、四大国有商业银行等，它们就是垄断的典型代表。

李荣融如是说："对于整个国民经济来说，央企要有控制力和影响力，央企搞得好的标志就是要有影响力。在目前的央企中，国有资本在石油、电信、电力、军工等行业的比重都在 90% 以上，这就是控制力。"

控制力的本质就是垄断。如果说央企的垄断"有功"的，那么它们最大的"功劳"就是带来了源源不断的暴利。

这些央企的暴利，是靠改善治理结构、压缩管理成本、增强竞争能力赚的吗？

---

① 韩哲. 李荣融抛垄断有功论，称三大石油巨头仗义亏损 [N]. 北京商报，2010-09-15.

非也，行政垄断的地位就是一根财源滚滚的"吸钱管"。这些央企的暴利，是靠中国 500 强甚至世界 500 强的实力，参与国际竞争打拼来的吗？非也，它们的"吸钱管"连接的正是国内消费者的钱袋。

比如，垄断下的成品油价格形成机制，就为中石化、中石油赚得钵满盘满提供了坚实保障。

2013 年 3 月 26 日，国家发改委宣布出台成品油价格机制完善方案，将调价周期由 22 个工作日缩短至 10 个工作日，取消 4% 的调价幅度限制，并调整挂靠油种。而之前的成品油价格形成机制，是 2008 年年底成品油价格和税费改革时确立的。四年多时间里，国家对成品油价格进行了 10 降 15 升共 25 次调整。油价升多降少，饱受消费者诟病。

该成品油价格形成机制，名义上"与国际油价接轨"，但实际上却与市场机制格格不入。最大的问题在于，没有一个充分竞争的市场，不可能得到一个真正的市场价格来作为国内油价的初始价格。事实上，这个初始价格一开始就被人为定在了一个相对较高的位置上。也就是说，相对国际油价，国内油价一直存在下调的空间。但因后来"与国际接轨"，按 4% 的条件与国际油价随波逐流，这个巨大空间也就一直存在，并成为石油巨头的暴利来源。

在全球化的市场上，石油巨头们的确是参与竞争的市场化主体，但是同时它们在国内却是不折不扣的垄断企业。这种日益膨胀的垄断地位，成为它们在市场和政府之间左右逢源的筹码。

在银行业同样如此。在国有银行垄断地位之下，利率管制形成的存贷款利差，成为暴利的主要来源。根据 A 股上市银行发布的 2012 年年报显示，16 家上市银行归属于母公司股东的净利润合计 1.03 万亿元人民币，同比增长 17.36%；然而同期 A 股全体上市公司的净利润合计不过 1.92 万亿元，同比增速仅为 0.59%。

有这样的垄断地位，有这样的价格机制保驾护航，国企能搞不好吗？但是这样的"好"，显然和企业家精神无关。

第三个问题：国企是不是搞得真的"好"？答案是未必。

光鲜的数据，可能掩盖着真相。

天则经济研究所在 2011 年曾经发表报告称，考虑到土地、融资和资源等成本较低，2001—2008 年，国有企业实际上没有实现利润。

报告指出，2001—2008 年，国有及国有控股企业累积获得利润总额为49174.8亿元，平均的净资产收益率为 7.68%。但是，这并非真实业绩，而是国有企业在享受着种种政策优惠，和民营企业在不平等的经营环境下所体现出的绩效。这种不平等主要体现在政府财政补贴、融资成本和土地及资源租金等方面。

在财政补贴方面，1994—2006 年，国家用于国企亏损的补贴达到了 3652.92亿元。2007 年后对一般经营性企业的亏损补贴已基本取消，但事实上对企业的补贴仍然存在。2007—2009 年，在有整体巨额利润的情况下，中石油和中石化仍然获得共 774 亿元的补贴。2008—2009 年，两家航空企业、五家电力集团和两家电网公司共获得国资委约 160 亿元左右的注资。

在融资成本方面，国有企业平均实际利息率为 0.016，民营企业平均实际利息率为 0.054。若按照民营企业的利率水平重新计算国有企业应支付利率，2001—2008 年利息支付差额共计约 28469 亿元，占国有及国有控股企业名义净利润总额的 84.55%。

在土地成本方面，中国土地出让制度沿用"双轨制"，工业用地和市政基础设施用地多采用协议出让方式和成本价。与民营企业相比，国有企业能以较低的成本获得土地。按工业用地价格的 3% 计算工业土地租金，2001—2008 年国有企业共应缴纳地租 34391 亿元，占国有及国有控股企业名义净利润总额的 102%。

另外，由于中国征收的资源税较低，如在石油、天然气等领域，考虑到这些成本，国有企业利润又要减少一块。

若还原国有企业真实成本，对政府补贴和因行政垄断所致的超额利润予以扣除，2001—2008 年，国有企业平均真实净资产收益率为 -6.2%！

有如此巨大的隐性成本垫底，有天生优越的竞争优势抬轿，企业家精神失去了应有的激励机制。

全国工商联发布的《2010 年中国民营企业 500 家分析报告》显示，虽然整体上看，民企远远落后于央企，但说到效率，央企则远在民企之后。2009 年，民企

500 强企业税后净利润与 2008 年相比增长 32.84%，达到 2179.52 亿元，但央企只要两家最赚钱的公司——中国移动和中国石油就能压垮民企。这两家公司当年的净利分别为 1458 亿元和 1033 亿元，其利润之和超过了 500 强民企的利润总和。

事实上，有垄断的"功劳"，就没有了真实的效率，更没有了企业家精神的用武之地。这是国企的一种病灶。

二　谁的央企

在 2012 年"两会"期间，上市公司深发展年报显示：2011 年全年支付员工工资 51.6 亿元，平均年薪 27.8 万元，同比增长 80.6%。如此薪酬，引来舆论热议。

对此，李荣融在全国政协会议的分组讨论上表示，银行薪酬高不高，要放在市场中来看，企业绩效好就高。

李荣融为国企老总打抱不平说："我们这些国企老总，是把信念、把国家、把党的利益放在第一位才这么干。假如去民企，早就被抢光了。我退下来后多少人抢？市场经济中都有个价位，一个运动员年薪几千万，因为他进球啊；一个老总高薪，因为他会赚钱啊。"①

一个企业老总的薪酬，应该是对他企业家精神的奖赏。问题是，垄断国企的效益好，很难说是企业家精神的体现。

同时，企业家是能赚钱，也是知道怎么省钱和怎么花钱的人。企业家精神，不仅体现在对最大化利润的追逐，也体现在对成本的控制、对利润的分配上面。最大化地回报股权所有者，应该是企业家天然的使命。

2014 年 8 月 29 日，中共中央政治局召开会议，审议通过了《中央管理企业负责人薪酬制度改革方案》，提出要合理确定并严格规范国有企业管理人员薪酬水平、职务待遇、职务消费、业务消费，可以说是要回归央企的使命。

央企是谁的央企？从理论上来说，当然是全国人民的央企。全国人民是央企

---

① 李荣融：国企老总高薪，因为他会赚钱啊 [N].羊城晚报，2012-03-10.

的产权所有人，也应当分享央企红利——这是央企存在的理由。近年来，虽然央企逐渐上交少部分红利，但与其巨额利润相比不过九牛一毛。有关部门声称，央企在改善民生、平抑物价等方面发挥了重要作用，民众的感觉却不同。一方面，居民收入在国民收入分配中的比重在下降；另一方面，央企的利润却逐年走高，2012 年 116 家央企累计实现利润 1.3 万亿元。与此同时，在一些领域央企又成为通货膨胀的重要推手，比如油价、房价。

也就是说，纳税人不仅没有享受到央企的好处，还在承受央企带来的高昂成本。或者说，是全国人们在养着国企、央企。

那么，谁在享受国企、央企的好处？

有媒体对 113 家央企及其上市子公司在岗职工年平均年薪进行整理，发现 2012 年央企及其上市子公司共 287 家在职员工平均年薪为 111357 元，相比 2011 年平均年薪 102965 元增长了 8.2%，是私企平均年薪的 3.8 倍。它同时也提到，央企职工工资的涨幅有减缓的趋势，然而垄断企业的工资仍然远高于社会平均工资。

除了显性工资较高外，还有不少隐形福利、灰色收入更助长了收入差距的拉大。2013 年 5 月，审计署就曾通报，中国移动通信集团内蒙古有限公司、山东有限公司就虚列支出套取资金 1400 余万元用于招待费及职工福利。2009—2011 年，中国移动集团总部、中国移动研究院在福利费中为职工购买不记名多用途健身卡 2400 余万元，实际可用于健身、餐饮、购物等活动。

这等于是国有垄断体制内外的"一国两制"。即国有垄断行业往往依靠行政干预，垄断社会资源牟取暴利，一旦进入垄断行业者往往就获得了体制内身份，从而安享垄断福利；而身处体制外的更多民众，则不得不面临激烈的人力市场竞争，在竞争行业中获取社会平均工资。

在垄断体制内的人看来，这样的收入差距是合理的，并因而心安理得。2010 年，中石油的日均盈利 3.83 亿元，日均销售管理费 3.32 亿元，而职工的人均薪酬也高达 13.4 万元。中石油财务总监周明春表示："现在外面喜欢用一个总数据除以 365 天，算每天赚钱多少，我也来做一个除法：去年中石油纳税 3182 亿元，等于每天交税 8.72 亿元。在国税局每 100 元税收中，中石油贡献了 4 元。"

在垄断体制外的民众看来，国企尤其是央企似乎成了一个封闭的利益集团。但这并不是答案的全部。

事实上，央企内部也同样存在收入差距的鸿沟。一些央企内部，一线工人以临时工为主，企业人员按照编制内、编制外、正式工、合同工、派遣工等被分为三六九等。即便是正式员工，高管、中层管理人员薪酬，与普通员工薪酬也不可同日而语。

2012 年，人力资源和社会保障部曾配合发改委，对垄断行业进行过收入调查，范围涉及数十家大中型国有企业，而调查结果显示，垄断行业内部的收入差距已接近 5 倍，差距最大的为石油行业。中石油某公司内部，一个处级干部年薪能达到 25 万，而一般员工不过 3 万。至于央企高管与普通人员的工资收入，平均差距接近 20 倍，有的企业 CEO 工资甚至比普通员工高出上百倍。

这说明了垄断行业里的薪水在不同人群中，也存在从高到低的"差序格局"。在体制之内，也有人吃肉，有的人喝汤，并不是外界想象的铁板一块。

而享受高薪的国企老总们，就是这"差序格局"的金字塔塔尖的那一群人。

但他们的高薪，不过是公开的那部分收入。由于长期以来国企内部的权力构架不合理、职责不明、责任不清，无论是国资委的监管还是企业内部的监管，都处于双向失灵状态，缺乏对权力的有效制衡，这为部分国企高管腐败提供了条件，部分国企资产和利润也进入了他们的口袋。

从铁道部到中国移动到"两桶油"，一再发生的央企高管群体性腐败案触目惊心，却并不出人意料。

2013 年 9 月 1 日，监察部网站发布消息称，国务院国资委主任、党委副书记蒋洁敏涉嫌严重违纪，正接受组织调查。此前，已有包括中石油集团副总经理、大庆油田总经理王永春、中石油集团副总经理兼昆仑能源董事会主席李华林、中石油股份公司副总裁兼长庆油田分公司总经理冉新权、中石油总地质师兼勘探开发研究院院长王道富等四名高管两天之内被查，其中一人担任副总经理尚未满月。

2009 年 8 月，中石化董事长陈同海以受贿近 2 亿元领刑死缓。案发后，除了近 2 亿元的贿款，甚至大量名贵烟酒让专案组要用货车拖，装有厚厚大面额礼品卡的信封塞满办公室的抽屉，许多都没有启过封。法庭上面对 1.95 亿元的巨额贿款进行质证时，他说这些钱是几个建筑商朋友逢年过节的"心意"。

蒋洁敏和陈同海，作为两大能源帝国的掌门人，他们是核心战略资源的掌控者，经常一支笔批示决定，重大工程的招投标形同虚设。绝对权力失去了有效监督，必然意味着腐败。

而在公开的薪酬福利与暗箱操作的腐败之外，还存在国有资产和利润流失的巨大灰色地带。

2009 年，网络曝出"中石化大楼安装 1200 万元天价吊灯"、"中石化 2.4 亿元奢华装修"。中石化回应称，位于中石化大楼中厅的吊灯高 4 米、直径 6.5 米，全部造价 156.16 万元。紧接着，媒体又曝光"中石油总部新大厦，造价高达 50 亿，光马桶就花了 50 万元"的消息。垄断国企的奢侈浪费之风，引发民众批评。

2011 年 4 月，有网民爆料称中石化广东石油分公司购买几百万元高档酒。后来，中石化展开调查得到证实，酒品主要用于"非油品业务"。显然，这不过是中石化高档消费和巨额接待费用的冰山一角。

2013 年 3 月，中国铁建 2012 年年报显示，该上市央企全年业务招待费为 8.37 亿元，公众质疑声四起。10 月 22 日，国务院国资委通报了对中国铁建的处理和问责情况，57 人被通报批评、8 人被党纪政纪处分、1 人被移送司法机关。

中国铁建并不孤独，以 2012 年年报披露口径为例，18 家央企上市公司招待费超 31 亿元，业内称谁都经不住查。

巨额招待费暴露的同样是监督体制乏力的问题。对企业来说，市场本身是一种最有效的监督。因为唯有市场才能判断一个企业的成败得失，才能促使企业加强管理、缩减成本、追逐利润。

但在一个国有垄断的市场里，价格信号基本失灵，所有成本与收益都是一笔糊涂账。我们根本无法通过市场来判断这些国企到底是成功的还是失败的。缺少了市场竞争，经营者利用"内部人控制"的信息优势中饱私囊、奢侈挥霍，也很难发现和监督。

监督体制乏力，监督成本太高，企业家精神难以考核和检验，这也是国企的一种病灶。

三、必然的"陈久霖"

不是所有的国有企业都是处于垄断行业之中，也不是所有的垄断企业都一直在垄断领域中坐享其成。一部分国有企业也需要到市场中去参与竞争——尽管往往是带着政策优势的不平等竞争；特别是很多垄断央企走出国门之后，也需要与国际竞争对手一决高下。

然而，尽管国企享有得天独厚的各种优势，但在风起云涌、千变万化的市场经济中，却因为某些与生俱来的缺陷而无法经受考验。

"陈久霖事件"就是这样一个典型标本。

自从 2009 年 1 月 20 日从新加坡出狱归国后，"陈久霖"就改名"陈九霖"。经过一段时间的沉寂，这位一度顶着"航油大王"、"打工皇帝"等多顶耀眼光环的风云人物再度复出，担任中国葛洲坝集团国际工程有限公司副总经理。

"我这个人呢，大家都知道，经历比较坎坷，上过天堂，也下过地狱。在新加坡坐了两年零八个月的牢，这是我跟很多人不一样的地方。"这是在 2012 年长江商学院 MBA 世界经济论坛上，陈久霖在主题演讲中的开场白。①

客观地说，陈久霖是个能人。

1997 年，中航油集团将陈久霖派到新加坡的时候，中航油新加坡子公司已经亏损两年、停业两年，只剩一个空壳。母公司只给了他 21.9 万美元和一个副手。在陈久霖的腾挪运转下，中国航油完成了从一家纯粹的石油贸易企业向多元化能源投资公司的转型，并于 2001 年实现了在新加坡主板的上市。到了 2004 年 9 月，中航油新加坡公司的净资产已经超过 1.5 亿美元，是陈久霖接手时的 852 倍；市值超过 11 亿美元，是原始投资的 5022 倍。

然而，陈久霖并不满足于传统的交易模式，开始涉足石油期货衍生品交易。

---

① 艾诚.陈久霖：谁该为国有企业海外巨亏负责 [Z].搜狐博客，2012-11-27.（艾诚：中央电视台驻路透社财经评论员/主持人）

2003 年，美国攻打伊拉克，石油价格陡然上涨，陈久霖计算失误，亏损惨重。为了掩盖损失，他违规动用公司的其他资金用来补仓，结果爆出 5.5 亿美元的巨额亏损，震动全国。

在新加坡，中航油事件被认为是自 1994 年巴林银行破产案以来最为严重的一次金融事件。有些新闻媒体甚至把陈久霖和 1994 年搞垮巴林银行的交易员尼克·里森相提并论，称之为"中国的尼克·里森"。2006 年 3 月，新加坡初等法院判处陈久霖入狱服刑四年零三个月。

一个能人就这样走进了监狱。

当尼克·里森自称"流氓交易员"，大谈"我是如何搞垮巴林银行的"，陈久霖却没有讲"我是如何搞垮中航油的"——毕竟，有集团撑腰，中航油并没有垮。而且，他非常反感将自己和尼克·里森相提并论。

陈久霖是对的。他的确和尼克·里森有本质不同，因为他是国有企业管理体制上结出来的一枚苦果。

据报道，按照中航油内部规定，如果每笔交易损失超过 35 万美元，应该报告公司最高层，如果每笔交易的损失达到 50 万美元，则应立即中止交易，以控制风险进一步扩大。但很明显，在中航油事件中，这一机制根本没有发挥作用。否则的话，陈久霖早该悬崖勒马了。不难发现，中航油已经陷入了所谓"内部人控制"的危机，陈久霖成了独断专行的"当家人"。

同时，监管者也没有发挥应有作用。当中航油出现严重账面亏损，现金难以为继之时，陈久霖提出"内部救助方案"，索要资金数目为 2.5 亿美元之巨。集团明知陈久霖在违规操作进行投机性交易，但是并没有按照规定及时制止，果断叫停，而是继续支持，最终酿成大祸。

当然，陈久霖最后成了过错的最大承担着。但在很大程度上，他也不过是国企某些天生缺陷的"替罪羔羊"。

这些国企的天生缺陷，不妨称之为国企经营者摆脱不掉的"病灶"。

人们常用民企"原罪"来笼统地指民营企业家在创业之初的"原始积累"中或多或少存在的污点，但这个词也许用在国营企业家们身上更为合适。因为毕竟有的民营企业家还是靠合法手段起家的，而且随着企业的发展逐渐摆脱了"原罪"的阴影；而国有企业家们身上的"原罪"却与生俱来，自始至终都如影随形地存在着。这种"原罪"就表现在经营者利益与国有资产所有者利益脱节，它内生于国企的产权和管理制度。

很简单，企业是国家控股，经营成败得失是由全民承担，而企业领导者却最多拿乌纱帽来卸责。亏了不是自己承担，但是豪赌一把赚了却可能是自己的功劳，要么得名获利，要么仕途坦荡。尽管国资委作为代理人对国企进行着监督，然而家大业大如何监督得过来？何况国资委官员也不可能对每个行业充分了解，至少不如掌控公司的"内部人"那么了解。如果要提高公司效率，在千变万化的国际市场上赢得竞争，那么就必须赋予经理人更多的自由空间；而在监管乏力的情况下，这无疑又容易掉入"陈久霖式陷阱"。

尼克·里森曾经反思道，"有一群人本来可以揭穿并阻止我的把戏，但他们没有这么做。如果是在任何其他一家银行，我是不会有机会开始这项犯罪的"。但是，对于里森来说，不仅在中航油，在更多的国有企业里，他都可以找到很多这样的机会。陈久霖轻而易举就找到了这样的机会。正是这样的机会，打开了他身上"原罪"的闸门。就此而言，"陈久霖事件"几乎是必然的。没有陈久霖，也有"张久霖"、"李久霖"。

必然的"陈久霖"，带来必然的决策失误。

根据世界银行统计，中国的决策失误率达到30%，远高于西方发达国家的5%左右。国企正是决策失误的重灾区。根据国家审计署披露的情况：在其2012年审计调查的53家中央骨干企业中，有1784项重大经济决策不合规，形成损失及潜在损失45.57亿元。比如，五矿集团的多项投资因失误、违规、调研不充分等，导致多个项目投资初步计算损失达到3.7亿元。

为什么国企领导"善于"决策失误？不为别的，就因为他们经营的是国有企业。在竞争激烈的市场里，没有哪个民营企业家"敢于"决策失误，因为企业是他们自己的，赚了也是自己的，他们当然有百分之百的积极性去搜集市场信息，尽最大努力作出准确的判断，使自己立于不败之地。即使是职业经理人，他们受雇于人，除了要考虑到老板虎视眈眈的监督，也要考虑到自身的市场身价，如果一旦决策失误，就会名誉扫地。

但是国企就不同了。这些领导者本身就是行政任命的，而并非市场选拔的结果。也就是说，他们有没有企业家素质、经营者才干都是一个未知数。即使任命的是个能人，也并不能保证他有充分的热情来经营企业，因为他的最终目的并非成就一个大企业家。行政的目标与市场的目标在这里并不一致。

陈久霖后来在一篇《中国缺乏真正的企业家》中认为，"创新、冒险、执着和担当"是企业家精神的灵魂，要允许企业家失败。他也一直在为自己辩护，称从事金融期货衍生品投机造成的巨大亏损，乃是一个封闭的本土企业走向国际化不得不付出的代价。在他看来，他不过经历了一场冒险，而且也勇于承担了冒险的代价。

但是这种冒险的企业家精神，显然与国企的性质格格不入。这是国企的又一种病灶。

四、"褚橙"的寓言

2013 年 11 月 12 日，进军农业板块的联想控股召开发布会，宣布继蓝莓之后，推出其第二个旗舰水果产品"佳沃金艳果"猕猴桃，发布会上"褚橙柳桃"的组合产品同步上市。

柳桃，当然是指联想创始人柳传志的猕猴桃；而褚橙，乃是指昔日"烟王"褚时健种的云冠橙。

褚时健，红塔集团原董事长，1999 年 1 月 9 日因贪污被处无期徒刑、剥夺政治权利终身，后减刑为有期徒刑 17 年。2002 年，74 岁的褚时健保外就医后，与妻子承包 2400 亩荒山开始种橙。

10 年后，这 2400 亩荒山已经成为拥有 35 万株云冠橙，固定资产 8000 万元，年利润 3000 万元，拥有完备道路规划和水利设施的现代农业示范基地。

2012 年 11 月，褚橙通过电商售卖，引发全国抢购热潮。当年，"褚橙"基地产值 7695 万元，实现利润 3599 万元。84 岁的褚时健成为名副其实的亿万富翁。

于是，褚时健的云冠橙有了独步天下的名字——"褚橙"，也有人叫它"励志橙"。"品褚橙，任平生"成为贴在"褚橙"上的励志标签。2013 年"双十一"当天，"励志橙"的电商销量已经超过了 2012 年总销量。

柳传志为什么要和褚时健合作？他说："我非常敬佩褚时健。"

正如巴顿将军所说："衡量一个人的成功标志，不是看他登到顶峰的高度，而是看他跌到低谷的反弹力。"但是，"褚橙"的故事，绝不仅仅是从"中国烟草大王"到阶下囚，再从阶下囚到 80 多岁的亿万富翁的人生传奇，它还是一个关于国有企业的寓言。

毫无疑问，褚时健具有杰出的经营才能。自 1979 年 10 月任玉溪卷烟厂厂长后，他将这个名不见经传的企业打造成为中国第一、世界第五的大型烟草企业红塔集团。在褚时健效力红塔的 18 年中，为国家创造的利税高达 991 亿元。"红塔山"品牌价值经评估高达 400 亿元，成为中国第一大品牌。有中央领导甚至称它为"印钞工厂"。

褚时健成了中国的"烟草大王"，全国最红的国企红人。他的政治荣誉不胜枚举：云南省劳动模范、全国劳动模范、全国"五一"劳动奖章获得者、全国优秀企业家、全国"十大改革风云人物"等。

褚时健创造了"红塔神话"，而神话的谢幕也内生于国企的体制之中。

"三合一"制度的实行，让褚时健当时身兼玉溪烟草专卖局局长、玉溪卷烟厂厂长和烟草公司总经理三职，集产销和管理大权于一身。办事效率固然很高，然而权利过于集中却缺少相应的监督机制，这也使管理上漏洞百出。"红塔帝国"的权力全部集中到塔尖——褚时健的话被形容为"圣旨"，重要的事情，尤其是批烟，全凭他的条子和电话。他有"至高无上的权威"，他身边人称他"老爷子"。他点石成金，大笔一挥就把你变成百万富翁、千万富翁。得到他的批条，就等于发财。他的女儿去广州，有多少辆小车在机场硬生生地等着、抢着接机。

与此同时，褚时健 18 年来总收入不过百万，个人收入的巨大落差使他心理严重不平衡。漏洞百出的管理体制，一言九鼎的绝对权力，给了褚时健太多机会找回一点点平衡。

按照当时新华社的报道，褚时健的女儿索要和接受 3630 万元人民币、100 万元港币、30 万美元，妻子及其他亲属共收受 145.5 万元人民币、8 万美元、3 万元港币及大量贵重物品"。褚时健本人，后来被司法指控贪污和巨额财产来源不明罪，最后法院认定犯罪金额为 174 万美元。

褚时健供述："当时新的总裁要来接任我。我想，新的总裁来接任我之后，我就得把签字权交出去了，我也苦了一辈子，不能就这样交签字权。我得为自己的将来想想，不能白苦。所以我决定私分了 300 多万美元。"①

褚案由此引发了对"59 岁现象"即"退休前捞一把"的讨论。在国企中，这绝不是偶然的现象。

核心的问题在于：应该怎么给国企经营者个人贡献定价？事情发生后，据相关采访了解，红塔集团的很多人都认为："褚时健是在不该拿钱的时候，拿了他应该拿的钱。"

当时有评论者写到：就在褚时健被调查的第二年，即 1996 年，美国可口可乐公司总裁的收入为 885 万美元，外加 2500 万美元购股权；迪斯尼公司总裁年收入是 850 万美元，外加 1.96 亿美元的购股权。按照这样的比例，作为红塔集团的最高管理者，褚时健所应得到的报酬要远远超过 174 万美元。但是，他 18 年的收入加奖金不过 80 万人民币。他每为国家贡献 17 万元自己才得到一块钱。

更具有讽刺意味的是，褚时健落马后，其继任者字国瑞，年薪加上奖金合法收入就已经超过 100 万元——褚时健一辈子的工资也没有那么多。

著名经济学家周其仁一直为褚时健抱屈，他说：我们拥有世界上最昂贵的企业制度和最便宜的企业家。在周其仁看来，市场里的企业，实际上是一个人力资本与非人力资本的特别合约。企业家精神，就是一种最重要的人力资本。在传统企业理论那里，是资本雇佣劳动，甚至资本雇佣企业家；然而企业家精神本身就是一种资本，如今这种资本特性更加凸显。因此，要承认企业家的贡献。

---

① 杨锦麟. 褚时健：没有终点的人生［N］. 常德晚报，2010-10-08（A10）.

柳传志为此感慨自己是"幸运的褚时健"。他认为国家应该反思，像这样的能够下金蛋的母鸡怎么去保护他们。

的确，柳传志是幸运的，联想为此提供了一个正面教材。1993 年，时年 49 岁的柳传志迈出了股权改革的第一步，他找到了当时的科学院院长周光召，得到了员工每年 35% 的利润分红。在柳传志看来："联想的发展凭借的是人的智慧，而不是政府最初所投入的 20 万元，35% 的奖励是理所应当。"

但是，香港中文大学郎咸平教授有不同的看法，他认为，是国家给了褚时健一个成功的平台，国家也给了他应有的报酬和荣誉，他只是为国家打工的一个职业经理人，而他自己则把自己当成主人，自己没有把位子摆正。

褚时健出山种橙，似乎就是要反击这样的"政策论"。他的老伴马静芬说："以前社会上有很多人说，你褚时健搞烟厂搞得那么好，那是因为政策好，云南烟得天独厚，烟厂交给挑扁担的都成。他做果园，就是想否定这个。"①

事实上，褚时健的老来创业，也充分证明和检验了他的企业家精神。

在橙园的管理中，褚时建习惯控制每个环节，就像当年做烟厂一样。在管理烟厂时，他采用了和烟农互利的办法。为了让烟农种出优质烟叶，烟厂直接到烟田去建立优质烟叶基地，并且把进口优质肥料以很低的价格卖给烟农。当时烟农有好多都富了，烟厂的原料也一天比一天好，竞争力一天比一天强。而在果园，有一百多农户 300 多人在忙碌，他给每棵树都定了标准，产量上他定个数，因为太多会影响果子质量，所以，多出的果子他不要。这样一来，果农一见到差点的果子就主动摘掉，从来不以次充好。

褚时建还制定了激励机制，一个果农只要承担的任务完成，就能领到 4000 元工资，质量达标，再领 4000 元，年终奖金 2000 多元，一个农民一年能领到 1 万多元，比到外面打工挣钱还多。以前，褚时健管理烟厂的时候，想到烟厂上班的人挤破头；现在他管理果园，想在果园干活的人也挤破头。

沧海横流，方显英雄本色。到充分竞争的市场里，才能检验一个企业家的成色。

---

① 戴蕾蕾. 昔日"烟王"变身冰糖橙王［N］. 法制周末，2012-11-13.

这就是"褚橙"的寓言。

这又绝不是一个人的寓言。即使没有柳传志幸运，褚时健也能够东山再起，在不幸中又凸显了幸运。像华晨的仰融、科龙的潘宁、健力宝的李经纬等，他们都在国企产权改革过程中黯然离场，甚至郁郁而终，成为一个时代的悲剧。这才是"褚橙"的寓言中最沉痛的那一部分。

"褚时健们"的命运，考问企业家精神的逆淘汰机制——这仍然是国有企业的一种病灶。

国有企业的这些病灶，意味着国有企业和企业家精神存在一定程度的紧张关系。

正如经济学家张维迎所说，国有企业抑制企业家精神，因为国有企业某种意义上是一个政治组织，不是一个经济组织。

想要打破国企宿命，就必须大刀阔斧进行国企改革。事实上，当国企在经济总量上占比下降的同时，活力增强、效率提高，反而更利于国有企业发展；更重要的是，只有实行国企改革，才能够真正建立一个公平竞争的市场经济环境，调动起全社会的积极性，从而达到创造就业、创造价值、创造税收的效果。

张维迎相信，国有和国有控股的企业的经济总量如果真正降低到 GDP 的 10%以下，中国未来的十年会充满希望，国民经济的倍增计划可以实现，中国人就会对未来更有信心！

希望和信心来自哪里？来自于一个更加自由的市场经济中，企业家精神的竞相迸发和创富源泉的充分涌流。

3

泡沫英雄

2013 年，著名房地产商任志强 58 万字自传体回忆录《野心优雅》出版，讲述其励志又传奇的 60 年人生，一时洛阳纸贵。

他曾经是"人民公敌"。但是现在，他成了"大众情人"。

任志强如是说：大部分的媒体需要我当"大炮"的时候我就是"大炮"，需要我当公知的时候我就是公知，需要我当预言家的时候我就是预言家，需要引起仇恨的时候我就是被仇恨的人。

这段话表明了任志强在公众眼中复杂的身份识别及其历史变迁。

无论是当初任志强触犯众怒、千夫所指，还是他后来 V 形反转、成功翻盘，都有一个重要根源。

这个根源，就是中国的房地产泡沫。中国的房地产泡沫，成功塑造了任志强的预言家形象，也制造了房地产商中形形色色的中国式企业家。

一、任志强的预言

任志强之所以成为"人民公敌"，很大程度上是因为在房价高涨、怨声载道的时候，他一直力挺房价，并且语出惊人，声称"开发商只给富人盖房子"云云，犯了众怒。

任志强之所以成为"大众情人"，很大程度上又是因为他对于楼市的观点被不断印证，再加上他敢于无所顾忌、毫不留情地批评政府，所谓"任大炮"名不虚传，弹无虚发。而他在微博上的"任氏鸡汤"、"任氏言说"，以及与另一名著名开发商潘石屹的密切互动，则为他赢得了更多的粉丝。

的确，关于中国房价，任志强是一个成功的预言家。随着他对的次数越多，骂他的人就越来越少，赞他的人就越来越多。

2013 年 5 月，任志强在厦门出席某活动时曾说："这十年来我有 9 次说过房价会涨，结果每次都涨，但大多数人还是不信，真信我话的那 1%、2%，买了也确实都涨了、赚了。"对于一个他被无数个人、无数次地提问过的问题——什么时候买房合适，他就一个回答："只要你需要，什么时候都可以买房。"①

任志强所言不虚。比如，2009 年 8 月，他接受媒体采访时宣称，不会超过 5 年，北京房价就将进入 5 万元时代。结果，他的预言 3 年就提前实现了。

2012 年年底，任志强曾预言第二年 3 月全国房价将要暴涨。深圳英联不动产董事长郭建波在微博上立下赌约："如果到明年 3 月份中国楼市能走出任志强刚刚忽悠的又一波上涨行情，我将于明年'两会'的开幕当天在北京长安街裸奔十公里。如果是相反的行情，请任志强先生在和您一起忽悠的媒体上公开道歉。"

结果，任志强笑傲江湖。国家统计局发布的 2013 年 3 月份 70 个大中城市住宅销售价格变动情况的数据显示，68 个城市新房价格均上涨，一线城市房价涨幅领跑全国。其中，北京、广州、深圳涨幅均超 2%。

---

① 鲍娜. 任志强在厦门又撂话了：什么时候都可以买房 [N]. 海峡导报，2013-04-29.

郭建波在微博上认输，并向微博 @ 平安北京提出申请，要裸奔长安街。当然，其结果是没能"如愿以偿"。

而且，任志强赢的可不只是同行或所谓民间"意见领袖"，他还赢了大牌的专家和经济学家。其中最有名的就是谢国忠。

作为独立经济学家的谢国忠，曾因成功预言 1997 年亚洲金融危机而名声大噪，也曾预测 A 股会在 2008 年从 6000 多点跌至 2000 点而备受关注，还于 2009 年预测世界在 2012 年遭遇经济危机，但在中国楼市的预言上却屡屡失手。

2004 年，谢国忠在发表《有史以来的最大房地产泡沫将在近期破裂》一文后，就一直唱空中国楼市。2013 年年初，他说中国楼市还没跌到底；2013 年 6 月他又说，房地产泡沫未来数月内破灭，最多不到一年，房价未来五年内暴跌 50%云云。

谢国忠十年如一日的错误预言，与任志强十年如一日的成功预言，形成了鲜明对比。

于是，任志强在赢得"任大炮"的外号之外，又众望所归地获得"任赢赢"和"预言帝"的美称。有人惊呼：任志强之外，在中国甚至是世界范围内预测房价最准的恐怕都找不到第二个人了。

在观点市场上的竞争中，任志强无疑成为胜利者。问题在于，关于房价的观点竞争，往往与人们的切身利益密切相关。

任志强说，你什么时候买房，以后的房价都会比现在高，信他的人都赚了。但是有些专家却一直在说，房价要跌，"刚需们"燃起的买房欲望，在犹豫徘徊中迟迟不肯下手，结果又给耽误了。

在网络上，一篇名为《资深人士眼中的买房时机》如是说：最佳的买房时机，总是在错过之后，大多数人才追悔莫及——这样的故事，剧情老套，但却总在重复上演，引发无数共鸣。

于是，观点的竞争，转化为利益的得失。利益的得失，也左右了观点的选择。任志强的很多语不惊人死不休的奇谈怪论，都因为他成功的预言而被消解，甚至被视为真知灼见。任志强对房价的预言总是对的，网上甚至有流传这样的说法：

"跟着任志强有肉吃"、"信志强，住洋房"。于是，他说的每一句话似乎都是对的，偏激和狂妄也成了一种可爱的个性。

比如，任志强说"房子没有胸罩贵"，理由是：一个房产项目从开发到最终完成要好几年，你做一套衣服用多久？再说，胸罩那么大一点，要好几百块钱，按平米算，比房子贵多了。

又比如，任志强说"开发商不能公布成本"，理由是：这等于让一个男人把自己老婆的衣服全部扒光，让大众目测三围。

还有什么"房地产就该是暴利行业"，什么"中国住房分为穷人区与富人区很正常"，什么"买不起房为什么不回农村"，什么"工资在涨 GDP 在涨房价不涨不符合经济规律"，什么"30 岁以下的买房占比高达 30% 以上就是因为中国的房子太便宜"，什么"老百姓完全有能力消费 200 万元以上的房子"，什么"对真正有钱的人来说房价还不够高"等等。

这些观点，未必都错，甚至在一定约束条件下是对的。但这并不重要，重要的是这和任志强对房价的预言有着高度一致的逻辑，即站稳了开发商的立场。

任志强为什么总是说房价要涨？因为房价一直上涨最有利于开发商利益；任志强为什么会有那些惊人之语？因为他需要时时刻刻为开发商的利益辩护。

当然，作为一个开发商，为开发商的利益代言，本身无可厚非。

任志强的强大之处，在于为此找到了经济规律和经济学常识的强大武器，即将中国房地产市场放在供需格局下，分析楼市的来龙去脉，从而具有很大的迷惑性。

比如，他认为土地财政背后的政府垄断，造成了当前地王频出的现象，也限制了房地产市场的供给；而城市化进程加快，以及政府在保障性住房方面的缺位，又推高了商品房需求。乃至于他所谓"买不起房关开发商什么事"、"我是商人，不考虑穷人"之类听起来很刺耳的话，也充满了利益最大化的市场经济思维。

市场思维当然也没有错。然而，中国房地产市场并不是一个完整的市场，它"是这样"，并不意味着它"应该是这样"。正是在事实判断和价值判断之间，任志强混淆了概念。

比如，对房价的预测，作为一种事实判断，任志强总是对的。但他又认为，现有的房价"不应该跌",似乎只有一路高涨,才符合市场规律。

按他认同的市场规律,现在的房价,是供需受到严重扭曲形成的;既然供需受到严重扭曲,那么无疑存在水分和泡沫。但是,任志强却不承认其中的水分和泡沫,这显得自相矛盾。

也就是说,任志强同时手握市场经济规律的矛与盾,进攻的时候就用矛,看似正确而锋利;防守的时候就用盾,凸显顽固而坚硬。

问题在于:任志强的预言,即任志强的事实判断,为什么总是对的呢?

因为泡沫。任志强站在开发商利益的角度,只需要一味地看涨;中国房地产泡沫,为任志强预言的无往不胜总是创造着条件。

二、泡沫造英雄

在中国房价问题上,谢国忠为什么老是错,而任志强为什么总是对呢?很多人想不通,为什么一个经济学家会输给一个房地产老总。

有人评论说,谢国忠所受的整个经济学训练都是在国外完成的。他所依据的经济学理论、原理、规则,他赖以推演的逻辑、参照物和方法论,都是典型的西方经济学思维。一句话,他的经济学思想资源滋生于成熟的西方经济体土壤。而我们的房地产市场呢,还处于一个转型的时期,或者说是一个半市场半计划半自由半垄断的经济体。市场经济原理,在其他地方也许行之有效,但在我们这里就不管用了。[①]

还有人将谢国忠与任志强的比拼,看成一场理论与现实的比拼。即谢国忠他对中国房价的预测过于偏重于理论的作用,而忽视了中国的特定国情,有点纸上谈兵。而任志强呢,身为大型房地产公司的老总,对于房价的把控不局限于理论,更多的是从事实和销售数据出发,因此预测准确度极高。[②]

---

① 李一戈. 谢国忠懂经济但任志强更懂中国 [N]. 21 世纪经济报道,2013–08–22.

② 高小英. 任志强数次成功预测房价上涨的幕后真相 [OL]. 前瞻网,2013–08–22.
www.qianzhan.com/indynews/detail/150/130822-bf02d207_2.html.

任志强有自己的说法："从 2003 年以来，我们的房地产市场研究所（ZREICO）有几十个博士，天天在做房地产市场的研究。中国最完整的房地产报告就是我们做的。每次我们的报告一出来，住建部就赶紧打电话问，中央办公厅、国务院发展研究中心、财政部办公厅，所有重大经济部门都来找我要。"①

对于中国政府的各项政策，任志强不仅熟读，而且研究透彻。业内也流传，说任志强可能是中国读书最多的开发商。尤其是各种数据他信手拈来、历年文件如数家珍的本事，令众多自称是房地产专家的人也感到汗颜。据说，早年曾有人力荐任志强出任建设部房地产业司司长，但他似乎更喜欢"地产总理"这个在野封号。

评论者没有看到，任志强也没有承认的一点是：他在中国房地产泡沫中如鱼得水。房地产泡沫的持续存在，与他的预言的方向高度契合，从而支撑并不断实现他的预言。

但是，任志强却根本不承认房地产市场有泡沫。

用任志强的话说："泡沫是世界经济融入中国以后才出现的词语。只有将粉丝卖到鱼翅的价格才是泡沫。房地产就是'鱼翅'，而鱼翅贵不是泡沫，粉丝有粉丝的价格，也不是泡沫。"

在任志强看来，即便北京商品房达到每平方米 10 万元的天价，也不算泡沫。问题是，房地产是"鱼翅"吗？天底下有只涨不跌的"鱼翅"吗？

任志强说"有"，而且说"有"的还不止他一个人。比如，北京师范大学房地产研究中心主任董藩就发表言论称，按照北京现在的房价增长速度，25 年后，每平米房价超过 80 万元非常容易。

董藩的依据之一，是京城房地产价格多年来平均走势。1987 年，京城平均房价约为 500 元。2012 年，上涨至均价 2 万元。上涨约 40 倍，平均涨幅为 15%。按此趋势再涨 25 年，2 万元乘以 40 倍，可不正好是每平方米 80 万元吗？按董藩的分析，房价由今天的水平涨到全国平均每平方米 9 万元、北京平均 80 万元，并不需要太高的年均涨幅，以明显低于过去 25 年的涨幅就可能达到这个水平。②

---

① 劳林，秦筱，等. 任志强：我 95% 以上经济判断都是对的 [J]. 壹读，2013（10）.

② 董藩. 房价可以涨到每平 80 万 [Z]. 新浪长微博，2013 年 9 月 26 日.

当然，董藩还列举了推动全国房价上升的十大因素，包括：大拆大建、人口增长、城市化、家庭裂变、生活方式演化、区际人口整合、经济高速增长、城乡收入差异、城乡阶层意识、群居意识等。

这些因素成为否定房地产泡沫的理由。比如人口增长，中国尚未达到人口增长的高峰，估计还有2亿~3亿的人口增长空间，而且10年内肯定会修改计划生育法规，放松管制；比如，城市化进程，截至2012年年底，中国城镇化率已达52.57%，但按户籍计算的城市化率只有35%左右。城市化过程结束，还要持续20年以上。

还有这么多新增的住房"刚需"，怎么能说存在泡沫呢？这些理由看起来非常强大。

的确，这些都是支撑中国房价高涨的理由，但它们都不是否定中国房地产市场存在泡沫的理由，更不是中国房地产市场可以继续存在泡沫的借口。

事实上，要证明中国房地产市场存在泡沫的证据太多了。比如，房价收入比。发达国家的房价收入比一般在2~5.5倍之间，发展中国家合理的房价收入比在3~6倍之间，而目前中国的房价收入比已超过15倍，上海、北京等中心城市的房价收入比则超过50倍，远远超过国际标准。又比如，房价租金比。近年来特别是2009年以来，房价持续上涨，租金却停滞不前，房价上涨幅度远远超过租金上涨幅度。国际上公认的房价租金比的上限是300，而中国中心城市的这一指标一般都在400以上，有些房价奇高的城市超过600甚至达到1000以上。这说明，如果不考虑通胀等其他因素影响，投资者通过收取租金方式收回投资房产的本金，需要50年甚至80年，而每年的投资回报还不及1年的定期储蓄存款利率。

当局者迷，旁观者清。2013年获得诺贝尔经济学奖的三位经济学家中，罗伯特·希勒与中国关系密切，曾多次到访中国，并多次提及对中国房地产的看法，称中国房地产泡沫严重。

希勒说，"我们在加州用电脑分析房价和收入比，看到的数字是8倍和10倍，我们就觉得太高了。如果是8倍，就要花8年的总收入买房"。[①]

---

① 雷中校.罗伯特·希勒:中国房市非常热 为深圳高房价担忧［N].上海证券报,2009-12-11.

对于中国的一线城市来说，美国加州显然是小巫见大巫。2009 年，罗伯特·希勒就曾经对上海的房价表示担忧："早前听说过上海的房价，基本上是一个普通人一年收入的一百倍，也就是说，他要工作一百年才能用他的全部收入买一套房子。既然这样，他为什么还要买这个房子？答案是他预期房价还会上升。人是有投机心理的，他觉得以后房子肯定还会涨，但是我觉得这肯定是非理性的。"

也有评论者称希勒"对中国房地产市场无知"：根据美国一线城市房价收入比，得出中国楼市泡沫极为严重，这份严谨还不如中国大妈！

问题是说中国房地产泡沫的可不止希勒。世界顶级投资大师吉姆·罗杰斯，就坦言很想在中国买房，但又担心被中国房市泡沫套牢。美国前总统克林顿，在出席《财经》2014 年年会时也称依靠房地产不靠谱，称这些行业并不提供多少工作机会，大多数的经济收入集中在了少数人手中。

外来的和尚未必会念经，但是对他们的逆耳忠言也需要洗耳恭听。比如克林顿的警告，就一针见血指出中国房地产市场泡沫化的关键特征——房地产业的财富集聚和贫富分化效应。

在 2013 福布斯中国富豪榜上，大连万达集团董事长王健林取代"饮料大王"宗庆后，以 860 亿元人民币的净资产登顶中国富豪榜。就在前一年，王健林的资产还与 860 亿元相去甚远，为 488 亿元。一年间财富增长了 372 亿元，平均每天赚 1.019 亿元，平均每分钟赚 70776 元！也就是说，王健林要想买辆奔驰车，只需 10 分钟；1 个小时的收入就能买下 1 套 424 万元的房子。是什么魔力让其资产在 1 年的时间里迅速增加？中国房地产价格的大幅度上涨功不可没——万达集团旗下拥有 71 座购物广场和 40 家五星级酒店。

中国富豪榜上，房地产商云集可谓一大景观。2013 胡润全球富豪榜显示，中国富豪数仅次于美国。分行业来看，全世界富豪行业比例中位居第一者为房地产业。但是，别忘了，中国为此作出了大贡献。在全球十大房地产商中，有 7 人在中国，1 人在美国，2 人在英国。排名前五均为香港房地产商，万达集团的王健林与恒大地产的许家印，则作为来自大陆的房地产富豪杀入了全球房地产富豪榜单的前十。而香港房地产商，其实也是大陆房地产市场的主力军。回顾过去 14 年胡润中国百富榜，从造富能力来看，房地产业一直名列榜首，只有 2012 年被制造业超越。

你很难想象，美国的首富不是比尔·盖茨或者巴菲特，而是一名房地产开发商。在发达国家，富豪榜往往以服务业为主，如零售业是美国、瑞士、德国富豪密集的行业。尽管有一些发展中国家，比如印度，房地产也是盛产富豪的行业，但像中国这样异军突起，让房地产成为整个国民经济的支柱产业，则难望其项背。

这就是房地产泡沫的"功劳"。尽管中国是个新兴经济体，可以允许房价收入比、租售比，比那些成熟的市场经济国家更高一些，也可以允许房地产富豪比那些成熟的市场经济国家更多一些，但总得有一个度。中国房地产市场的实际情况是，超过这个"度"太多了。

很大程度上，正是房地产市场的泡沫，成就了任志强的预言家形象，也正是房地产市场的泡沫，催生了层出不穷的中国式富豪。一句话，泡沫造英雄。

三、"钢"做的泡沫

2011 年，著名经济学家张五常曾经评价说："什么叫泡沫？所谓的泡沫就是拿针戳一下就破了，那才是泡沫。中国的楼市说泡沫，但用什么都扎不破。中国的楼市泡沫是钢做的，而且还得继续涨。"[①]

显然，张五常否认中国楼市存在泡沫，因为这泡沫是钢做的。但是不管这泡沫是什么做的，泡沫终归还是泡沫。只是中国楼市泡沫的"钢"性，让很多人产生错觉和误判。

如果因为存在相应的供给和需求，就说中国的房地产市场不存在泡沫，那么古今中外的任何市场都永远不存在什么泡沫。因为任何泡沫，都是由市场上那时那刻的供给和需求决定的。

问题在于这是一个什么样的市场？这是什么样的供给和需求？这些供给和需

---

① 许世英. 张五常：中国的楼市泡沫是钢做的 房价还会涨 [OL]. 网易财经，2011-06-10.

求，从哪里来，由什么决定？如果说中国楼市的泡沫是"钢"做的，那么是谁给中国楼市的供给和需求，注入了坚挺的"钢"性？

正是政府那只有形之手。无论从供给还是需求的角度来说，政府都是中国房地产市场的游戏规则制定者、直接参与者和既得利益者。政府给中国楼市的供给注入了"钢性"，也给中国楼市的需求注入了"钢性"。

地方政府垄断了土地供给，由此形成欲罢不能的土地财政，就是中国楼市泡沫的供给"钢性"。

任志强曾经一语道破天机："其实中国有的是地，我从来没有觉得中国没有地了，960万平方千米，我们只占了全国国土的0.3%，按同样的人口密度，1%的国土就可以把中国的13亿人全放在城市里，会用多少提出？用不了多少。"

垄断的土地供给，创造了巨大的土地收益。国务院发展研究中心发布的一本研究报告《土地制度改革与转变发展方式》披露了这样一组统计数据，2001年全国土地出让金仅为1295.89亿元，2010年全国土地出让金就已经攀升到27100亿元，十年间全国土地出让金增长了20倍！

行情还在继续。按照国土资源部公布的《2011年中国国土资源公报》，2011年全国土地出让金3.15万亿元，同比增长14.6%。2012年土地出让金的收入下降了15%，但是仍然达到2.69万亿元。2013年仅仅在前三个季度，全国土地出让金收入就达到2.68万亿元，同比增长8900亿元，增长幅度高达49.6%。

但是，这还不是故事的全部，因为还有名目繁多的各种房地产税。

在中国18个税种中，涉及房地产业的有10个，其中5个税种仅在房地产行业征收，为房产税、城镇土地使用税、土地增值税、耕地占用税和契税。2012年，房地产"五税"总收入就达到10128亿元，比2011年上升了23.2%，十年间涨速迅猛，是2001年的20倍。

有研究机构曾经对139家A股上市公司进行统计发现，自2007年一季度至2013年一季度，139家房企缴税额高达6429.7亿元，而同期的净利润仅为6265.4亿元。房企缴税额与净利润额一样，逐年递增。也就是说，房企每赚1元钱，政府就要同时收取1.02元的税收。

税收入靠"房",基金收入靠"地"。毋庸置疑,土地财政已经成了地方政府名副其实的第二财政。土地财政在地方财政收入中所占比重,从 2001 年的 19.7%上升至 2012 年的 42.1%,10 年内涨了一倍之多,几乎占据了地方财政收入一半的来源。

某媒体人曾经在微博上称,"2012 年房地产业销售 6.4 万亿元,缴纳契税 2874 亿元、房产税 1372 亿元、营业税 4051 亿元、土地增值税 2719 亿元,缴税合计约 1.1 万亿元,银行房贷余额 12 万亿元,获 8400 亿元利息,土地收入 28517 亿元,政府和银行从房地产获得收入 47917 亿元,占 6.4 万亿元收入的 75%。""75%"这一惊人的数字在网络上广为流传,引发了较大的争议,有专家认为 60%是比较客观的比例。但无论如何,在房价构成中,政府拿走了大头则是不争的事实。

在这种利益格局下,地方政府显然有强大的动力,利用垄断地位控制土地供给,从逐渐推高的房价中获取最大化的土地财政收入。也就是说,地方政府正是各地天价地王的始作俑者,也是房价走高的主要推动者。

与此同时,中央银行巨量的货币超发,形成的通胀预期和财富效应,构成了中国楼市泡沫的需求"钢性"。

从理论到实践的统计数据都表明,货币供应与 CPI 和资产价格存在正相关关系。即货币供应量增长,则 CPI 和资产价格上涨;货币供应量下降,则 CPI 和资产价格增长减缓乃至下降。按照经济学家弗里德曼的说法,通胀归根结底是一种货币现象。

关于中国货币是否超发,是一个争论不休的话题。官方一是否认货币超发,认为中国 M2(广义货币)被妖魔化了,不能用 M2 占比来判定人民币超发。二是认为我国拥有较强的宏观调控能力和手段,会在很大程度上减少 M2 对经济生活的冲击,包括房价。然而事实果真如此吗?

在央视的一次采访中,市民这样表达对物价增速的不满:"人民币真的对不起中国人啊。"这种不满正是反映过去若干年中的货币超发的现象。2005 年我国广义货币存量 (M2) 尚不到 30 万亿元,2013 年 4 月这一数字就迈过 100 万亿元大关。2013 年 9 月末,M2 余额已达到 107.74 万亿元,其间增幅在 3 倍以上。据

《人民日报》报道，我国的货币总量与 GDP 之比超过 200%，我国的经济总量为世界第二，大约为美国的 1/3，而货币投放量比经济总量第一的美国高出 1.5 倍，位居世界第一。

所谓中国 M2 被"妖魔化"，全部的理由归纳起来，无非是说中国货币化过程的特殊国情和发展阶段，决定了中国需要更多的 M2。所以这表明，更多的货币量，就是必要的，就不算超发了。这样同义反覆的论证逻辑，颇有自欺欺人的味道。美国 1 美元至少拉动 1.5 美元的 GDP，中国 1 元钱的货币供应，只撬动了 0.5 元的 GDP，只能说明中国经济效率低，需要更多的流动性来支撑。这正是泡沫经济的另一种表现。

从货币超发的方式来说，中国在很大程度上是一种被动超发。在旧的经济增长模式下，投资和外需是经济增长的主要支柱。投资当然需要钱，而出口导向和外汇制度政策之下，我国外汇储备超过 3 万亿美元。这些外汇储备，实际上是央行花 20 多万亿人民币购买的，而且它们可是央行投放的基础货币，经过商业银行的一系列存贷款操作，创造的货币购买力达 100 万亿元，成了中国巨量 M2 的源头。

实际上，货币超发不过是"秃头上的虱子明摆着的"。如果说全球排名第一的 M2 都不能证明货币超发，那么要用全球排名第一的 M2 来否认货币超发，更是一件困难重重的事。

同时，所谓强大的宏观调控能力，很可能也是一种迫不得已的"被强大"的幻觉。比如，从 2010 年以来，央行多次上调存款准备金率，一度上调至 21.5% 的历史高位，央行票据也大量发行，截至 2012 年年底，M2 中约 20 万亿元被央行锁定，巨额流动性"刀枪入库"。这被作为宏观调控能力强大的证据。但反过来看，这难道不是因为市场中的货币实在太多，流动性过于泛滥，央行才不得不千方百计让货币回笼的吗？事实上，央行哪里愿意这样干，可不都是被逼的嘛。这正好说明货币超发严重了。

从"钱太多"的去向上看，我国居民储蓄倾向较高，存款超 40 万亿元。但是这样的储蓄倾向难道是天生的吗？通胀预期之下，股市成了散户绞肉机，房市成了避险的蓄水池。如果 CPI 数据不高，股市也萎靡不振，那只能说明货币都跑楼市上去了。我国 M2 中相当大部分不是交易性货币，而是资产性货币（执行价值储藏职能）——住房在某种程度上也是一种储蓄。

中国靠增发货币和增加信贷推动经济增长的模式，不是一朝一夕就能改变的，中国楼市泡沫的需求"钢性"也就难以改变。

另外值得一提的是，贫富分化格局之下，房产市场成为有钱人的重要投资领域，更成为腐败资金"跑马"的最终归宿。

一度有舆论称，正是一些来路不明的资金推高了一线城市的房价；更有人乐观预测，如果反腐得力，一线城市会出现一波房产抛售狂潮，从而拉低其高高在上的房价。

这样的说法并非没有道理，层出不穷的"房氏"家族成员为此提供了有力证据。比如，陕西"房姐"龚爱爱，以多个户口拥有北京、西安、神木等地多处价值不菲的房产，仅在北京就购买商铺 26 套、写字楼 7 套、公寓 1 套、住宅 7 套、别墅 1 套、车位 2 个，总计面积 10543.69 平方米，合同总价 3.95 亿元；2013 年年底，广东东莞一镇街官员林伟忠被举报整个房产数量超过 100 套，总面积超过 10 万平方米，总价值近 20 亿元人民币，被成为当代"和珅"；还有广州"房叔"蔡彬被曝光拥有 20 多套房、郑州"房妹"翟家慧被曝拥有 11 套房产……很显然，腐败需求成为楼市需求的重要组成部分。

"钢"一样的供给和"钢"一样的需求，催生了中国楼市"钢一样的泡沫"。难怪任志强如此自信："只要稍微动点脑筋，懂点道理的，都认为我说得是对的。因为这十年来，看预测和现实之间的差距，我一直是最准确的。"

在这"钢"一样的泡沫中，中国的房地产企业家们一路凯歌，企业家精神却只有一路悲歌。

四、利也泡沫，害也泡沫

对中国房地产行业的企业家们来说，楼市泡沫是把双刃剑。它是开发商们的印钞机，也是企业家精神的滑铁卢。

国务院发展研究中心最新发布的《中国住房市场发展趋势与政策研究》专门论述了房地产行业利润率偏高的问题。据统计，2003 年前后，我国房地产行业的毛利润率大约在 20% 左右，与大多数工业行业相差无几。但随着房价的不断上涨，房地产利润率明显上升，2007 年之后年均达到 30% 左右，超出工业整体水平约 10 个百分点。报告还列举了国内部分知名开发商的毛利润率接近甚至超过了 50%，远远高于日本和美国的房地产开发企业。

显然，中国楼市是个暴利行业。尽管在房价的构成中，政府拿走了 60% 的大头，房地产企业在赚取 1 元净利润的同时，就要向税务部门交税 1 元，但是这不能否定房地产业的暴利。在很大程度上，开发商和地方政府，是捆绑在一起的利益共同体。开发商没有政府拿得多，并不能证明开发商就拿得少。恰恰相反，政府已经拿了那么多，开发商还拿不少，充分证明了这个行业暴利的存在。

需要追问的是：楼市的暴利来自哪里？

对于胡润榜上为什么有许多的开发商，任志强在《野心优雅》中讲了三个理由。其一是除房地产外，中国几乎所有与资源相关的产业都被政府垄断，个人无法涉足，自然也就上不了胡润榜。其二是杠杆效应的规模效益，开发商可以利用银行信贷和购房人的预付款扩大生产规模，还可以在上市之后获得财富数十倍乃至数百倍增长。其三是规模与营业额巨大，全国任何一个单一行业都达不到房地产业的营业额能力。

这些当然都可以称为理由，但是并不是最重要的理由。

事实上，楼市泡沫本身，成为开发商获取利润最大化的重要来源。房地产行业不是一个有太高技术含量和高附加值的行业，开发商并不需要太多的创新，只需要与泡沫共舞，就能随着时间的推移，在越涨越高的房价中坐享丰厚的利润。

2010 年，国土部曾经推出囤地"黑名单"，上市公司泛海建设名列其中。就是这样一个上年净利润只有 4 亿元的上市房企，却因为拥有囤了 5 年而未开发的土地，凭空可以生出 228 亿元的利润！

当然，这涉及资本市场对上市房地产公司的评价指标。一般资本市场对上市公司的评价是看利润，衡量它的指标是 PE（市盈率）；但对于房地产公司，他们还看中的一个指标是 NAV，即净资产价值。所以一些房地产公司在上市前拼命地囤地，NAV 的数值才会大。

但事实上，不管是否上市，房企都可以从囤地中获取暴利。因为在一个泡沫不断推高房价的市场上，时间越长就意味着土地增值越大，利润越高。

2013 年 10 月，在北京一个房地产论坛上，当记者问到任志强北京房价什么时候才能降下来，任志强不假思索地说："除非国务院搬走。"万达集团董事长王健林也表示："北京、上海的楼市，无论处在什么样的长效机制下，采取任何办法，在 15~20 年内，始终是供不应求，房价也会保持上涨态势。"[①]

试想，在这样一个只有涨没有跌的市场，意味着不需要承担更多的市场风险，只要手握关系和资源，然后进入市场，就能财源广进。当开发商都竞相去角逐这样的关系和资源，哪里还需要什么企业家精神？

媒体的一份统计显示，胡润百富榜从 1999 年创立至 2013 年，已经至少有 24 名富豪涉罪获刑，因此胡润榜也被称为"杀猪榜"。从行业上看，房地产行业的富豪"出事"概率最大，有 9 人，占 38%。这并不是偶然的，这是偏离市场竞争逻辑，而去角逐关系和资源的恶果。

2011 年"两会"期间，时任总理的温家宝与网友在线交流时曾说："我没有调查你们每一个房地产商的利润，但是我认为房地产商作为社会的一个成员，你们应该对社会尽到应有的责任。你们的身上也应该流着道德的血液。"一番话引发社会强烈反响。

的确，如果没有道德的血液，也就没有了企业家精神生长的正义基础。但这话不仅应该对开发商们说，更应该让政府反躬自省。

---

① 张育群. 任志强答"北京房价何时降"：除非国务院搬走[J]. 南方周末，2013（11）.

如果说，楼市泡沫扼杀一代人的企业家精神，恐怕并不为过，但更要命的是，它对下一代人的企业家精神的影响。

全国工商联等推出的《中国家族企业发展报告》显示，对于子女是否愿意接班这一问题，在 3033 家对此问题作出回应的家族企业中，48% 的企业主对子女的意愿尚不清楚，33% 的企业主的子女没有接班意愿，只有 19% 的企业主的子女有接班意愿。

这些"富二代"为什么不愿意接班呢？他们取笑父辈做生意苦，觉得利润薄得像刀片，压力重得如泰山，我们更愿奔波于"来钱快"的资本市场与房地产市场。相比"富二代"这个名字，他们也更喜欢被称为"商二代"。

专家对此深表忧虑：如果二代接班问题使得民营企业的发展受到不良影响，将对中国整个经济的发展产生巨大的负面影响。这并非杞人忧天的事情。截至 2013 年 7 月，国内 2470 家 A 股上市公司中有 1431 家是民营企业，占比高达 57.94%，而其中家族企业的规模达到了 711 家，占据民企的半壁江山，其重要地位可见一斑。

本来，在市场经济中，"富二代"接不接班并不是一个问题。给定企业自主经营的权利，也给定企业家人才自由流动的权利，"富二代"承接父业未必就是人才资源的优化配置，他们去搞虚拟经济未必就不是正确的选择。问题在于，实体产业空心化和虚拟经济泡沫化，产生的推力和拉力绞杀了年青一代身上的企业家精神。

阿里巴巴集团董事局主席马云曾说："如果房地产一直是我们的经济支柱，我们将输掉我们这代人的幸福。"但如果楼市泡沫扼杀了下一代人的企业家精神，输掉的也就不只是一代人的幸福。

五、挤泡沫的逻辑

中国楼市泡沫的存在是有目共睹的，中国楼市泡沫的危害是毋庸置疑的，否则中央不会三番五次进行宏观调控。

中国大约是对楼市调控最频繁的国家。自2003年"18号文"确立房地产业支柱地位，到2005年的"国八条"和"新国八条"，从2006年"国六条"，到2010年 "国十一条"，从2010年4月"国十条"，再到2013年3月 "国五条"……运动式的楼市调控不一而足，目的不外乎是挤掉楼市中的泡沫。

但经过一轮又一轮的调控，泡沫却并没有被挤掉。房产价格没有如预期的那样"水落石出"，相反是越调越高，越控越涨，尤其是北京、上海等一线城市的房价难以遏制。

为什么会这样？说到底，还是没有回到按市场经济的运行规律和逻辑轨道上。

简单地说，房价问题是供需合力的一个结果，或者说，需求过于旺盛，供给存在不足，从而加剧了供需失衡。楼市泡沫由此而生，要釜底抽薪地挤掉泡沫，即意味着要从供需双方，找到治本之策。

但是，现实中的宏观调控却往往避实就虚，甚至与调控宣称的目标背道而驰。难怪任志强说："宏观调控的目的不是为了让房价下跌，而是让房价稳定增长。"

从供给方面来说，正确的市场逻辑应该是提高住房供给，来平衡楼市需求。一方面，垄断城市土地的地方政府，需要加大相应的土地供应；另一方面，则需要各级政府更多地尽到提供保障性住房的公共责任。

然而，一开始的宏观调控就是控制房地产信贷，严格控制土地供给总量。掐住土地供应意味着，抬高土地价格；同时限制了商品房供给，推高了房价。地价与房价相互影响，"面粉贵过面包"的现象连连出现。

任志强曾经说："我们的资料显示，在连续两年的土地负增长之后，第3年一定会出现房价暴涨。"从2003年这种规律就开始出现，2008年、2009年两年土地负增长之后，2010年房价大涨。2011年和2012年土地负增长，2013年房价就出现了上涨的情况。

中共十八届三中全会决议指出，在符合规划和用途管制的前提下，允许农村集体经营性建设用地出让、租赁、入股，实行与国有土地同等入市、同权同价。如果农村集体建设用地真的能够与城市国有土地平权，同等入市，无疑将大大增加住房用地供给，有力制约居高不下、一路上涨的房价。

在供给的第二层面，即住房保障体系建设上，任志强声称他为此呼吁了 10 年。他一直认为，最核心的问题是"当把住房推向市场化的同时，应同步建立城镇住房的社会保障体系，而社会保障不是让民众都去拥有住房财产，而是用租赁方式保障最基本的居住权利"。如果 1998 年同步建立了城镇住房的廉租房或租赁房的保障体系，也许现在就不用在"十二五"规划中还账式地建设 3600 万套保障房，也不会有房价的不断高涨和限购政策的出台。

在这一点上，任志强无疑是对的。但实际的住房保障体系建设，一方面在数量上提供的少，保障范围比重非常低；另一方面，在内容上也将经济适用房（简称"经适房"）作为重要组成部分，制造了严重的分配不公。

经适房最大的问题，就在于它的性质含混不清、模棱两可。它既有商品房性质，又有保障性住房性质。但是你说它是商品房吧，它又比市场上开发商提供的商品房便宜一大截；你说它是保障性住房吧，它又需要购买者拿出不少的真金白银。这实质上是将一个完整的住房市场人为分割成了两个市场，扰乱了市场的价格体系。两块市场之间，巨大的差价意味着巨大的利益，谁能买到经适房，等于谁就占到了大便宜。

从结果上来说，经适房未必能够保障社会最困难阶层。因为最贫困的人群恰恰买不起经适房，这扩大了贫富差距。与此同时，经适房占用的公共资源，又让本该大力发展的廉租房捉襟见肘。同时，经适房也为滋生寻租腐败创造了条件，权力主导分配原则，有了"近水楼台先得月"的"自肥空间"。近年来，经适房成为"官员适用房"的消息也并不罕见。

2013 年年底，住建部提出鼓励推广"大并轨"试点经验，即将原有经适房、廉租房、公共租赁住房进行"三合一"并轨，其中最引人注目的内容就在于经适房的取消。这是一个正确的方向。

从需求方面来说，挤掉楼市泡沫需要财政政策、货币政策以及收入分配改革的配合，其中最重要的就是要改变货币超发的局面。但多年来的宏观调控，多在限购、限价、限利率以及房产税上做文章，"头痛医头脚痛医脚"，结果就是"按下葫芦浮起瓢"。

限购的手段包括户籍限制、购买套数限制等。在市场经济的背景之下，这种限制显得如此格格不入。如果把商业住宅看成一种商品——尽管有人声称它是一种特殊商品，然而不管多么特殊，终归还是商品。那么，相关各方拥有自由交易的充分权利，应该是市场经济的应有之义。消费者购买商品的数量应该是一种自由选择，限购实质上就成为对民众市场权利的限制。

限价则是对开发商定价权利的一种限制，其逻辑和限购一样。它们是一个硬币的正反两面。

各个地方的限购令和限价令，与其说是铁腕打压房价，不如说是向中央邀功请赏的应景之作。反正前面卖地的钱已经收进腰包了。现在装腔作势打压一下，并无大碍。等到风头一过，房地产市场又会东山再起，政府垄断的土地照样可以继续卖个好价钱。

任志强对限购和限价的评价是："你先把这个孩子教坏了，又打架，又嫖娼，又不顾年龄开车，最后你再去救他，哪有这个道理？"

调高个人住房贷款利率，表面上看起来是要打击投机需求，从而缓解房价。但细想来却大有问题存在，因为远水解不了近渴，该买房的还是会买，普通老百姓将不得不承受按揭贷款突然提高的代价。至于房价在遥远的未来是否会降，"明天的老百姓"是否会享受到房价降低的"成果"，无从知晓。

至于房产税，问题则还要更大一些。首先，政府对任何一种商品征税，最终总要由供求双方来承担；房地产税当然也不例外。而不幸的是，房地产税的大部分将转嫁到消费者头上。因为税收的归宿取决于供给和需求的相对弹性。在房地产市场上，需求相对于供给来说更缺乏弹性。

房产税更大的问题在于社会不公平。因为对于房产税改革之前的购房者来说，他们购买的房价中已经负担了70年的土地出让金，以及其他数十种名目繁多的税费。新增房产税，对他们就是"二次增税"。

党的十八届三中全会指出，要加快房地产税立法并适时推进改革。从长远来说，对居民住房保有环节征税，为地方提供稳定财源的房产税，是代替"土地财政"的最终出路。但是，这里有一个重要的前提，就是除了要清理目前包括土地出让金在内的几十种税费，还要对税改前后的购房者区别对待，这样方能体现社会公正。

总的来说，迄今宏观调控的各种手段，没有回到市场经济运行的逻辑轨道上来，反而是对市场经济的直接干预，结果是中国楼市的运行离市场化越来越远。

在这样一个非市场化的环境中，开发商的行为也很难用市场行为来定义，而不得不按照对政策变幻莫测的预期来出牌。同时，他们也通过各种舆论和利益博弈，来试图对政府的政策倾向施加影响。这与企业家精神相去甚远。

中国楼市挤泡沫的正确逻辑，就是要让政府的有形之手回到本位，而让市场的无形之手更加有力，从而令开发商的行为成为真正的市场行为。这也是让企业家精神长袖善舞的正确逻辑。

4

草莽神话

这是一个告别的年代。

2013 年 4 月，巨人网络宣布，史玉柱因个人原因辞去 CEO 一职，不过将继续保留董事会主席的职务；5 月 10 日，即淘宝十周年当天，马云辞任阿里巴巴集团 CEO，同样留任集团董事局主席全职工作。

这是有分水岭标志的两个标志：如果说马云的辞职，不过是他所开创的一种电子商务模式新经济时代的开始；那么史玉柱的辞职，就更像他所代表的那种粗放式营销的草莽时代的结束。

史玉柱在微博上宣布：终于彻底退休了，把舞台让给年轻人。他称告别江湖后，将过"草根"生活，主营业务是玩，副业是搞些公益，并吁请"江湖好汉们，忘掉'史玉柱'这厮吧"。

史玉柱在告别江湖，这个江湖也在告别他。

一、成者为王

史玉柱不仅是一个"成者"。

一开始，他上演的是成功的版本，从一无所有到亿万富翁；紧接着，他上演了失败的版本，从亿万富翁到欠债 2.5 亿元的"中国首负"；但后来，他又上演了东山再起的版本，从"中国首负"到身家 500 亿元的亿万富翁。

最终，他还是一个"成者"，而且是一个加强版的"成者"。

有人评价说，他创造了一个中国乃至全球经济史上绝无仅有的传奇故事。但是，这样一个传奇故事，也只有在中国才能发生，并且只能发生在这个从计划经济到市场经济转轨过程中的草莽时代。

客观地说，在史玉柱初出茅庐的 20 世纪 80 年代末 90 年代初，中国的市场经济正在告别短缺经济和卖方市场，但在这个市场上，还有许许多多坑坑洼洼的需求没有被填平，同时还有一个又一个的新生市场在不断地涌现。谁发现了这样的的市场需求和市场机会，谁就能先声夺人；而若是谁能通过非常规手段，迅速地扩大市场规模，满足其中的市场需求，占领其中的市场机会，谁就能赚得盆满钵满。

史玉柱能够成功以及能够反败为胜的逻辑，正在于此——他有一种在市场经济初级阶段准确把握机遇的草莽气息。

1989 年 7 月，史玉柱怀揣独立开发的汉卡软件和"M-6401 桌面排版印刷系统"软盘，南下深圳，开始他的创业阶段。这正是计算机行业开始发展、勃兴的阶段，作为软科学硕士的史玉柱"春江水暖鸭先知"，毅然下海，反映了他捕捉市场需求的敏锐眼光。

1994 年 8 月，当国外软件大举进军中国，抢走了汉卡的市场份额，侵占了巨人集团其他软件产品的生存空间之后，善于见风使舵的史玉柱，从 IT 困境中突围，把目光转向保健品，斥资 1.2 亿元开发全新产品——脑黄金。

这是一块巨大的市场蛋糕。随着改革开放进程的推进，国人生活水平提高，购买能力也在提高，对于吃饱穿暖之外的身体健康需求也水涨船高。与此同时，国人的科学认知水平并没有突飞猛进的提高，很多消费者把保健品等同于药品。在医疗资源难以满足民众需求的情况下，不少人把身体保健乃至治疗疾病的希望都放在保健品上，这让中国的保健品行业蓬勃发展。

史玉柱在保健品市场上玩得风生水起。他二次创业，选择的行业仍然是保健品；他之所以能够东山再起，靠的也正是保健品。只不过，他把产品的名称从脑黄金变成了"脑白金"。

直到 2008 年，早已经从保健品全身而退的史玉柱，仍然对这个市场情有独钟，与酒业巨头五粮液推出了所谓"世界第一款功能名酒"——五粮液黄金酒。

2003 年，史玉柱将脑白金和黄金搭档的知识产权及其营销网络 75% 的股权卖给了段永基旗下的香港上市公司四通电子，交易总价 12.4 亿元。拿着巨额现金的史玉柱目光向保健品之外的市场。一方面，他投资回报稳定的银行业，成为资本玩家；另一方面，他则成立征途公司，决意从盛大、网易、九城以及日韩等游戏公司手里抢市场。

在玩盛大公司开发的《传奇》游戏时很快上瘾的史玉柱意识到："网游流淌着牛奶和蜂蜜！"

2007 年 11 月 1 日，史玉柱旗下的巨人网络集团有限公司成功登陆美国纽约证券交易所，总市值达到 42 亿美元，融资额为 10.45 亿美元，成为在美国发行规模最大的中国民营企业，史玉柱的身价突破 500 亿元。

史玉柱说，"除了保健品、银行和互联网，其他行业我基本不碰"，因为"这三个行业都具有非常清晰的盈利模式"。

史玉柱的盈利模式的确非常清晰，而且非常简单，那就是不惜血本的营销：一方面是铺天盖地的广告狂轰滥炸一方面是无孔不入的营销网络抢占市场。这样的盈利模式贯穿始终。

1989 年 8 月 2 日，初出茅庐的史玉柱在《计算机世界》上打出半版广告，"M-6401，历史性的突破"。结果到第 13 天，他就收到汇款单数笔。至当年 9 月中旬，其销售额就已突破 10 万元。史玉柱将赚的钱继续投向广告，4 个月后，仅靠卖 M-6401 产品就回款 100 万元，半年之后回款 400 万元。

1991 年 4 月，为了打开汉卡 M-6402 被金山冲击的市场，史玉柱向全国各地的电脑销售商发出邀请，只要订购 10 块巨人汉卡，史玉柱为他们报销路费，让他们前来珠海参加巨人汉卡的全国订货会。结果史玉柱以几十万元的代价，组成了巨人汉卡的营销网络。有了这样一张庞大的销售网络，1991 年巨人汉卡的销量一跃成为全国同类产品之首，公司获纯利 1000 多万元。1992 年，巨人集团的资本超过 1 亿元。

"大打广告+营销网络"，这就是史玉柱挖第一桶金的成功秘诀。这样的成功秘诀，让他在后来的保健品和网游市场中屡试不爽，并且变本加厉。

1994 年秋冬，脑黄金上市之后，史玉柱就在在媒体上打起广告战。在当时的三株、太阳神等保健品还在对农村做刷墙体广告的时候，"既有贼心又有贼胆"的史玉柱采用铺天盖地、无孔不入的广告策略加之渠道建设和严格管理，让一款全新的保健品在 10 多亿中国人中家喻户晓。第一战役从 1994 年 10 月至 1995 年 2 月，仅仅 4 个月，在供货不足的情况下，回款突破 1.8 亿元，"暴力营销"成果显著。

在后来一次接受采访时，史玉柱令人吃惊地承认了自己"是一个赌徒"。① 史玉柱的"暴力营销"明显具有赌徒心态，"暴力营销"在某种程度上就等于是"暴利营销"。赌徒追求的就是暴利。

这种赌徒心态，也正是史玉柱当年遭遇滑铁卢的根源所在。他意气风发地决心要盖中国第一高楼，虽然当时他手里揣着的钱仅仅能为这栋楼打桩。1996 年，当史玉柱把生产和广告促销的资金全部投入到大厦时，巨人大厦便抽干了巨人产业的血。

但是史玉柱并不认为赌徒心态本身就是错的。他总结教训说："我仍然要赌，但是不再拿身家性命去赌。"

1998 年，遭到重创后的史玉柱找朋友借了 50 万元图谋东山再起，开始运作

---

① 项建新. 史玉柱：我是赌徒 [N]. 21 世纪人才报，2002-04-01.

脑白金。依然是保健品，依然是"暴力营销"，只不过这次他选择农村包围城市的策略。

在项目启动前，史玉柱到江阴农村做调查，挨家挨户找老人聊天，"吃过保健品吗？可以改善睡眠，可以调理肠道、通便？你想不想吃？"于是，那句经典的广告词——"今年过节不收礼，收礼只收脑白金"应运而生。到 2000 年，公司创造了 13 亿元的销售奇迹，成为保健品冠军，并在全国拥有 200 多个销售点，规模超过了鼎盛时期的巨人。

进入网游市场，史玉柱率领着"征途战舰"启航，一如既往地如法炮制农村包围城市的"脑白金模式"。

因为史玉柱发现网游行业的一个致命弱点，那就是根本不重视中小城市和农村市场。"中国市场是金字塔型的，塔尖部分是北京、上海、广州，往下是大中城市、小城市，塔基是广大的农村地区。其实市场越往下越大，下面消费者没有想象中那么穷，消费能力也不弱。一线城市你全占满了，也还不到下面市场的1/10"。[①]

史玉柱看到了这块市场。当然，还有一如既往的营销广告和网络——他投入巨资让《征途》的形象广告在中央电视台播出；他的推广团队是行业内最大的，目标是铺遍 1800 个市、县、乡镇，队伍预计为 2 万人。结果，很快《征途》同时在线的人数就突破 100 万，成为全球第三款同时在线超过 100 万人的网络游戏。

史玉柱的"暴力营销"，很难说有多少企业家精神。但是他成功了。成者为王。在这个意义上，史玉柱是中国市场经济粗放阶段的标志性人物。

如果说企业家精神的本质是创新，通过供给来创造新的需求；那么在中国市场经济的草莽时代，企业家们似乎没有必要去创造什么新的需求，而只需要通过供给来满足嗷嗷待哺的市场需求。

史玉柱就是这样一个草莽英雄。他是一个营销奇才，但是无论把他作为保健巨人、网游新锐，还是资本玩家，都很难说他是一个经典意义上的企业家。

中国市场经济的草莽时代，给史玉柱提供了"海阔凭鱼跃，天高任鸟飞"的

---

① 史玉柱东山再起这些年：从负债 2 亿到 500 亿身家［N］. 楚天金报，2013-02-09.

天地。但是这个时代总要过去，史玉柱的急流勇退、马放南山，可谓明智之举。其实，当史玉柱投资银行、成为资本玩家，就可以看成是他的某种转型。

所谓时势造英雄，时势也去英雄。史玉柱把他草莽英雄的形象光荣地留在了历史上。

二、败者为寇

牟其中，南德集团前董事长，中国的曾经"首富"和"首骗"，留下来的却是失败者的历史背影。

尽管同是中国市场经济草莽时代的风云人物，也都有着相似的豪赌心态，牟其中和史玉柱却有着完全不一样的命运。

牟其中和史玉柱身上有着两点最大的不同，决定了他们成王败寇的结局。

第一点不同在于：一个是市场经济草莽阶段的同路人；一个是"计划经济时代后遗症"患者。

在这个计划经济向市场经济转型的草莽时代，白手起家的史玉柱始终在市场经济的领域打拼，并且踩准了市场进化的节奏，他离计划经济领域很远；而牟其中却并不满足于在尚未发育壮大的市场经济领域白手起家，而是希望从计划经济的领域获取最大化的资源，在最短的时间里，以最快的速度获取获取最大化的市场利益。

换句话说，史玉柱再怎么豪赌，也是脚踏一只船，而牟其中是脚踏两只船，而且踩在计划体制的那只脚用力更大。

牟其中首先是被作为一个商业奇才而闻名的。从 1980 年开始，他就经营过重庆万州藤椅、上海"三五"牌座钟、天津海蜇皮、南韩冰箱，还完成了中俄民间贸易史上最大的一笔单项易货贸易——百货换飞机。

这其中有成功的，也有失败的，而真正在市场领域，失败的似乎更多。比如，牟其中和美国某家贸易公司合作，进口 2 万吨白糖，最后则以跳楼价卖给了一家广西企业；曾组建公司在沿海收购海蜇皮，并下了大量订金，希望能够销售到国外，后来亏损几百万元；在看好国内冰箱市场的前提下，从韩国进口冰箱3000台，后因市场变化，致使冰箱大量积压……

实际上，牟其中的财富神话更多的是拜计划体制所赐。比如，1984年，牟其中将当初的中德商店升级为中德实业开发总公司，从农行贷款250万元作为创业资金。后来有人认为，这250万元可以说是牟其中真正起家的资本。为什么在20世纪80年代，农行就敢把这样一笔巨款借贷给一文不名的牟其中？政治因素可能是最关键的。

至于他那个为国人津津乐道的"百货换飞机"，最耐人寻味的一个细节是：经过国家计委批准、民航总局同意，川航购进了牟其中以货易货购进的4架图–154飞机。牟其中在山东、河北、河南、重庆、四川等七个省组织了500车皮商品交给俄方，单此一笔，牟其中就赚了8000万元到1亿元。牟其中在其中充当的只是一个捎客的角色。

在经济转轨的过程中，给部分"计划时代后遗症"患者们提供了大展身手的机会。他们熟谙各种政策、善于投机取巧，在计划体制和市场体制之间左右逢源、游刃有余。这就是所谓"撑死胆大的，饿死胆小的"。胆大的会发现遍地是钱，于是许多人一夜暴富。在这个意义上，牟其中更像是一个"机会主义者"。牟其中能在短短时间里成为"大陆首富"，就是脱胎于这样的背景。这样的"暴富"现象很难说是市场经济的产物。

对此，牟其中有一个著名的"对称说"：哲学上讲究对称，比如有阴就有晴、有潮起就有潮落……历史上有一个时刻——50年代初公私合营，国家剥夺资本家，很短时间里资产发生由荣毅仁口袋向国家口袋的运动；那么，就可能对称地存在着一个反向运动，发生资产迅速由国家口袋向荣毅仁口袋的运动。

在牟其中看来，当时就是这样一个时刻。这段话几乎就是对计划和市场并存的双轨制的经典注释。

牟其中和史玉柱第二个最大的不同在于：史玉柱是一个与时俱进的现实主义者，而牟其中则是一个乌托邦情结严重的"大跃进后遗症"患者。

牟其中有一句名言："世界上没有办不到的事，只有想不到的事。"他层出不穷的点子，想象之瑰丽，构思之宏伟，抱负之远大，曾赢得无数人的崇拜。有人相信，不以成败论英雄，老牟的价值也就在于此——他非常敢想，并且转化为非常强烈的近乎痴狂的愿望，竭尽全力将资本、人才等一切资源聚集到自己的身边。

牟其中计划实施的许多项目都堪称神话。在"对称计划"中，牟其中准备发射88颗低轨道卫星，构建无数平流层飞行器和地面服务站组成的、涵盖全球南北85度以内任何一个点的无线网络，这种架构下的服务成本仅是目前同类产品的1/6，将全部取代"中国电信、中国移动等公司的通讯、数据、宽带、图像等业务"。"开发西伯利亚计划"，则是在莫斯科建立公司，允许南德职工数百万人进入西伯利亚就业、开发，向俄罗斯国家纳税。至于"喜马拉雅耕云播雨工程"，则是炸开喜马拉雅山，把印度洋的暖湿气流引进我国西部地区。其他，还有改造重庆火锅，5年内做到年销售收入100亿元人民币的"牟氏火锅"，生产出运算速度在10亿~100亿次之间的芯片，把满洲里造成"北方香港"，等等，不一而足。

的确，企业家最重要的精神就是创新，要创新当然就要想象力。要干一番大事业，需要敢想敢做，敢为天下先。在千变万化的市场经济里，谁能想出最好的金点子、抓住瞬间的机会，谁就能笑傲江湖。因此，牟其中的"奇思妙想"本身没有问题。但是"奇思妙想"总得有现实基础和实现路径。很不幸，牟其中的很多点子这两者都没有。这正是"大跃进后遗症"的体现。

相信很多过来人都还对"人有多大胆，地有多大产"、"大炼钢铁十五年赶英超美"、"跑步进入共产主义社会"这样的时代记忆犹新。看到牟其中的"宏伟计划"，就让人不由自主地想到了那个疯狂的大跃进年代。

牟其中的"企业理论"就是根源于那个时代的"怪胎"。在《中国企业家》对他的采访中，牟其中曾经如此解释："从1992年以后，我就发现，过去的经济规律已经在市场经济中变得十分可笑了，工业文明的一套在西方也落后了，在中国更行不通，我们需要建立智慧文明经济的新游戏规则。"

这如果不是一种无知，也绝对是一种狂妄。

南德集团的法定诉讼代理人夏宗伟，对牟其中有一段非常精彩的描述：老牟确实是一只无脚的鸟，他只能飞翔，却又没有好的空气——他必须要在南德的路上走到底，但资金不够，环境不畅，力量不济。于是他只能不断造势，不断许下诺言，夸下海口，以期吸引眼球，得到支持，并弄来钞票。因为在他看来，他若停下来，就只能是死路一条，而继续往前走，也许可能柳暗花明。

夏宗伟一直相信"牟的商业意识在当时的历史条件下显得超前而又孤独"，但他的每一次行为，都是走在当时的环境和制度的前面，这是"先行者的悲哀和需要付出的代价"。还有人把牟其中比作"一个悲情的探索者"，更有人相信如果牟其中现在正年轻，说不定就是商界的枭雄。[①]

牟其中也始终沉迷在自己的构筑的"乌托邦王国"而执迷不悟。即便身陷监狱，过着拔杂草、看监区大门的生活，牟其中仍然图谋着出狱后东山再起，并为此制订了一个"最宏大也最科学的发展计划"，宣称"用 10 年时间进入世界 10 强企业"的目标依然有效，届时"南德经济帝国年利润在 150 亿美元以上"。[②]

他豪气干云："历史要将我推向高峰，所以要先将我打入深渊。"

这显示了牟其中东山再起的雄心壮志。但飞速前进的市场经济，已经不会再给牟其中机会。

事实上，牟其中不是"时代的先行者"，也不是"悲情的探索者"，而是市场经济时代的落伍者。无论是作为"计划经济后遗症患者"，还是"大跃进后遗症患者"，都是一种过去式。史玉柱之所以能够东山再起，在于他是市场经济草莽时代的现在进行时，当他发现这个草莽时代即将过去时也知道及时收手。牟其中落后于曾经的草莽时代，离今天的市场经济时代就更加遥远。

精通马列，精通哲学的牟其中，动不动就要"解决人类贫困"、"推动世界进步"，这正是计划经济时代幼稚空想的政治思维，而不是市场经济时代可以运筹帷幄的市场思维。

牟其中可以是一个志大才疏的政治家，一个口若悬河的演说家，一个异想天开的空想家……但是他很难成为一个企业家。

---

① 王燕青."传奇首富"牟其中狱中生活[J]. 南方人物周刊，2013(1).

② 程东升. 被囚禁的牟其中狱中再造"乌托邦"[J]. 21 世纪经济报道，2004(8).

三、泥皮大衣的奇迹

在市场经济的草莽时代，牟其中试图在计划体制与市场领域之间两头通吃，但最后身败名裂、回天乏术。说到底，牟其中自身的政治资源有限，并不支撑他野心勃勃的宏伟蓝图。

但是华西村不同。它是在这个草莽时代，从计划经济走向市场经济过程中两头通吃，并且源源不断地将政治资源转化为经济资源的典型标本。

自 1961 年建村以后，这个面积不足一平方千米的村庄，从村民吃不饱饭，逐渐蜕变成 2010 年销售收入 512 亿元、人均纯收入 8.5 万元，家家户户住别墅并且存款达到 600 万~2000 万元的"天下第一村"。

华西村的奇迹，几乎等同于一个人的奇迹。这个人就是吴仁宝——华西村党委书记吴仁宝。毫不夸张地说，吴仁宝就是华西村的标签和如影随形的精神领袖。

2013 年 3 月 18 日，吴仁宝因患肺癌医治无效去世。4 天以后，在华西村道路送别的民众达数万人，绵延数千米。这些人中有华西村本地的居民，也有周边村落的村民，甚至有不远千里前来的全国各地的群众。

必须承认，吴仁宝有着敏锐的商业眼光和经济头脑。早在"以粮为纲"的年代，他就开始寻找致富之道，改革开放的到来，让他坚定不移地进行了工业兴村的路径选择。当绝大多数中国农村还在为能否办厂争论不休的时候，华西村的家底已有 100 万元固定资产和 100 万元银行存款。1 亿、3 亿、10 亿、50 亿、100 亿元……此后十余年间，华西村总产值呈几何级数增长。在市场经济发端的草莽阶段，吴仁宝展现了一个草根企业家的如鱼得水的一面。

但是如果只是从市场因素的角度，恐怕难以解释华西村的奇迹。吴仁宝不仅有对市场机会的精确把握，更有对政策动向的敏感捕捉。

据说，吴仁宝一个雷打不动的习惯是，每天早晨 6 点 30 分准时收听广播新闻，晚 19 点定时收看《新闻联播》，即便出差在外也是这样。

　　1992 年 3 月 1 日凌晨两点多，刚准备休息的吴仁宝看到邓小平"南巡讲话"的报道，他判断全国经济要大发展，于是，当天夜里 2 点钟召集党员开干部大会，发动全村人立刻奔赴全国各地用尽各种办法，大囤生产原材料。此前吴仁宝一直坚持"既无外债，也无内债"，这次却破天荒地向外借款 2000 万元用于周转，在外人看来他几乎成疯狂之徒。但最后的事实是，吴仁宝跟他的华西村狠狠赚了一笔。据报道，华西村当时购进的铝锭每吨 6000 多元，3 个月后就涨到了每吨 1.8 万多元。①

　　这就是"一个会议赚了一个亿"的故事。这个故事，显然不只是在千变万化的市场中打时间差投机，更多的是在经济转型过程中，吃掉计划和市场两种体制之间的巨大利益。

　　按吴仁宝的说法，就是"吃透两头"、"两头一致"。既吃透党和国家的大政方针政策，又吃透本地工作实际；既一头与中央保持一致，又一头与老百姓保持一致。不管政治风云如何变幻，国家方针政策怎样调整，华西村都能够启动自己的"响应机制"，一次次避开风险，抓住发展机遇，实现超前发展。②

　　问题是，随着市场经济转型的推进，这种在两种体制左右逢源的政策红利，总有吃完的一天。华西村的独特之处，在于它拥有一种别人没有的政治资源，可以保证政策红利持续的时间特别长，甚至直到今天也源源不断。

　　这个政治资源就是，华西村一直坚持以集体经济为主的共同富裕发展道路，成为社会主义新农村建设的孤案。按照吴仁宝的说法：在我有生之年，一定要把乌托邦变成现实，我也一定要把什么叫共产主义做给全国人民看。

　　在某种意义上，华西村成功了。而典型有典型的价值，"天下第一村"的金字招牌，就成了华西村独一无二的政治资本和丰厚的财富源泉。

　　因此，华西村的钢铁产业没有宏观调控之忧，它也可以开发小产权的别墅公开叫卖，当然还有每年 200 万游客慕名前来参观共同富裕的"中国农村典型"的 2 亿元门票收益。华西村甚至花费 9000 万元购买了两架直升机，又花 1000 多万元修建了停机坪，推出"空中看华西"项目。另一个大手笔，则是由华西村村民每

---

① 王浩然，张然. 中国农民第一人吴仁宝辞世 一个会议赚一个亿[J]. 京华时报，2013(3).

② 杨军雄，施晓义. 对话吴仁宝［N］. 浙江日报，2010-03-23（13）.

户出资 1000 万元，筹资 30 亿元人民币建起的"黄金酒店"。酒店按超五星级酒店的标准设计，328 米的高度当时排在中国第 8 位、世界第 15 位。

也就是说，华西村仅仅靠这个"天下第一村"的金字招牌，就可以轻轻松松找到新的经济增长点。但问题是，这个金字招牌早已经名不副实了。

在这个"村子"里，呈现的是一个以钢铁业为主干的工业王国，形成了一个横跨钢铁、金属材料加工、纺织、化纤、地产、旅游、金融等行业的庞大控股公司。中心村的农民们早已洗脚上岸，每年一户拿 10 万~100 万元的现金收入，每家两辆 20 万~30 万元的车子……毫无疑问，华西村已经完全地工业化和城镇化了，所谓的"农村"早已沧海桑田，所谓的"农民"早已名存实亡。

华西村已经不再是名正言顺的"华西村"，华西村的村民们也不再是典型的"中国式农民"。"天下第一村"，不过是披在华西村身上的一件"泥皮大衣"。

但是我们却一直把华西村当成中国农村尤其是集体经济发展的一个典型，这是多么文不对题。耐人寻味的是，华西村也一直对这件"泥皮大衣"敝帚自珍，口口声声以中国农民和中国农村的代表自居。

事实上，华西村的典型意义是非常值得怀疑的。当华西村兼并周边的 16 个村庄，财富分化和社会分层就不可避免地出现了，华西村和周边农村的"城乡差别"一览无余。这些村民买不起一套数十万元的别墅，更不要说入股五星级的摩天大楼，他们甚至只能和外来的打工者一起进入华西企业挣取每个月 1000 多元的工资。[1]

也就是说，华西村的典型价值只存在于那不到一平方千米的范围内，更不要说扩展到中国农村。显然，中国农村并不需要这样一个不可复制的典型。如果一定要说华西村是一个典型，那么它也只能是"转型中国"的一个典型，是拖着一条计划经济色彩的尾巴进入市场经济时代，并在两种体制之间左右逢源的一个典型。

即便拥有独一无二的政治资源，在市场经济草莽阶段走向尾声的时候，"政治挂帅"的华西村模式也显得难以为继了。吴仁宝的去世，可能是一个时代结束

---

[1] 付克友. 脱掉华西村身上的"泥皮大衣"[N]. 成都商报，2010-02-27.

的标志，也是华西村不得不面临的转折。那种带头人的个人魅力，在经济转型中两种体制通吃，以及政治资本转化的丰厚资源，都在逐渐远去。

在对外宣传的材料中，华西村办集体企业——华西集团 2012 年收入达到 524.5 亿元，但这实际上是按税务口径统计的开票销售收入。遵照《企业会计准则》编制的财务报表显示，华西集团 2012 年合并报表后的营业总收入只有 276.7 亿元，并且较 2011 年 308.4 亿元出现约一成的下滑。华西集团的资产负债率也呈现出逐年上升的趋势，截至 2012 年年末，负债合计 248.9 亿元，资产合计 378 亿元，资产负债率达到 65.8%。[①]

这反映出华西村所面临的困境：在工业化的轨道上，依靠重化工、纺织业和钢铁业一路凯歌的华西村走到了十字路口，急需注入新的发展动力。

华西村党委书记吴协恩提出了转型口号：由传统工业向三产服务业转型，通过调整产业布局为华西村获取新的利润增长点，以延续改革开放以来创造的经济奇迹。

但是，曾经无往不胜的集体主义模式已经力不从心了。当有一天，"华西村"脱掉那件"泥皮大衣"，也许人们才能真正发现，它原来一直在市场经济的泡沫里裸泳。

四、洋皮大衣的胜利

随着改革的推进，如今除了国有垄断企业和少数像华西村这样的典型，还能占到政治资本和政策红利的便宜，在计划和市场两种体制之间获取利益落差之外，其他类型的企业已经几乎没有这样的机会了。

不过，在这个市场经济的草莽时代，它们还可以获取另外一种利益落差，即在国内市场和国外市场之间"乾坤大挪移"。

2011 年 7 月 10 日，央视《每周质量报告》报道，国内知名高端家具品牌达

---

① 王肖邦，程靖峰.华西村：转型之艰［N］.第一财经日报，2013-10-08.

芬奇并非为其宣称的"意大利原产"，其旗下部分家具在广东东莞贴牌加工生产，涉嫌伪造产地，材料也并非实木，一时间群情激愤。

"你跟她讲欺诈，她跟你聊创业；你跟她讲赔偿，她跟你讲慈善；你跟她急眼，她还跟你飙泪了；达芬奇最新力作——《蒙娜丽莎的哭泣》……达芬奇大床，今天，你睡了没有？"当时，一张配有上述文字的图片在网上疯传。达芬奇传世名画——《蒙娜丽莎》中女主角的面部，被替换成了达芬奇家居总经理潘庄秀华，而潘的表情，正是13日发布会上被消费者"踢馆"后哭诉"创业艰难"的神态。

然而，沉寂数月之后，达芬奇突发声明称遭媒体"虚假新闻"诬陷——12月31日，公司称遭央视记者敲诈。"造假门"现戏剧性颠覆。

实事求是地说，达芬奇有些冤枉。它唯一的罪过，恐怕不过是因为它披上了一件"洋皮大衣"。而像达芬奇这样披了一件"洋皮大衣"的企业，并不在少数。

2012年的第112届广交会，在欧美经济复苏乏力、国际市场需求下滑的背景下，遭遇"采购商到会人数和出口成交额双下滑"的局面。然而出人意料的到是，一名向中国企业"出售或者出租意大利老品牌"的意大利商人罗曼·杰罗诺克获得了巨大成功：在15天里，他一共接待了近800位中国商人，达成各类购买或租赁品牌意向超过100个，"从家具到服装、皮包，什么品牌都有人想要"，部分品牌价格则超过十万甚至百万欧元。

而这两年，一些貌似洋品牌奶粉的身份真假，也成为舆论关注的热点话题，比如，联想入股的纽瑞滋。该品牌虽由新西兰代工厂生产，但目前只针对中国市场出售，被指"中国特供奶"。纽瑞滋不得不召开新闻发布会，承认品牌是华人创立，但其产地确为新西兰，其经营模式是"国人品牌、海外产品"。这样的"假洋鬼子"并非个案，而是在国内市场大行其道。奶粉品牌中包括澳优乳业、法国合生元等，其品牌注册方也都是中国人，但生产地是在荷兰、法国等地。

当一些真正的洋品牌，为了节约成本，占据更大的市场，跑到中国来投资设厂、贴牌生产；中国的假洋品牌们，却反其道而行之，不惜增加成本，跑到外国代工生产，瞄准的却是国内的市场——为什么国内许多企业愿意穿一件"洋皮大衣"？

很简单，因为穿上"洋皮大衣"，就可以获取国内市场上民族品牌难以获取的丰厚利润。

那么又必须要进一步追问，为什么洋品牌能够在国内市场上，获取更高的利润？

一个说法是因为垄断。

2013年8月，因为涉嫌"跟风涨价"，洋奶粉就遭到反垄断调查。合生元因严重违法、不积极整改被处上年销售额6%的罚款，约1.6亿元。美赞臣被处上年销售额4%，约2亿元罚款。多美滋、雅培、富仕兰、恒天然均处上年销售额3%罚款，约1.7亿元至0.04亿元不等。

甚至有专家希望祭出反垄断的利剑，来"管一管"一些跨国公司在中国汽车市场上获取暴利的行为。比如，捷豹路虎——这家5年前濒临破产、被印度塔塔以23亿美元收购的英国豪华车品牌，却在中国市场实现惊天大逆转。2012年，捷豹路虎的利润高达15亿英镑，相当于24.2亿美元，超过了2008年被收购的总价。而且，作为热销车型，路虎揽胜在中国长期处于加价状态，最高加价甚至达到40万元。这一现象引发了媒体"路虎加价谁来管"的质问，并认为"监管部门不作为，是汽车市场价格混乱最重要的因素"。[①]

另一个说法是因为歧视。比如，星巴克咖啡。

央视报道称，星巴克咖啡在北京的价格，不仅高于香港、东京、纽约、伦敦等城市，甚至高于同是发展中国家的印度城市。2013年第二财季报告显示，星巴克中国/亚太地区营业利润率为32%，而美洲区利润率为21.1%，欧洲、中东及非洲营业利润率则仅为1.9%。于是，"星巴克中国营业利润率远超美国，甚至是欧洲等地区16倍以上"的"暴利说"不胫而走，甚至认为中国人受到了歧视。何况，欧美国家的人均收入可比中国高多了，这歧视就更严重了。

然而，无论是"垄断说"还是"歧视说"都是大可怀疑的。因为汽车、奶粉、咖啡连锁店，都是充分竞争的行业。没有任何一个洋品牌可以垄断市场。在这样一个充分竞争的市场上，制定产品价格完全就是人家厂商或者市场主体的自主权利，旁人毋庸置喙，跟公平和歧视无关。如果消费者因此觉得不公平、受歧视，"用脚投票"好了。

---

① 黄少华. 最高加价40万元，谁在消费路虎［N］. 中国青年报，2013-08-01.

事实上，也只有一种垄断需要反对，那就是强制产生的垄断。它包括卖家通过不公平竞争形成的垄断，比如欺行霸市、强买强卖；但它更重要的是指行政性垄断。洋品牌不存在这样的垄断。至于经济学意义上的"价格歧视"，也与人格歧视毫不相干。

洋品牌能够在国内市场上，获取高额利润，说到底是消费者的选择，根源就是国产品牌实在不争气，怨不得洋品牌闷声发大财。

至于"假洋品牌"，本身是无可厚非的。品牌创立者想起一个或土或洋的名字，只要能够合法注册，都是人家的权利；他将生产厂家设在什么地方，或选择哪个国家的代工厂，以及销往哪个国家哪个市场，也都是人家的自由。只要其产品质量没有问题，也没有进行虚假宣传，欺骗消费者，就是合法经营。正如纽瑞滋首席执行官（CEO）所称：产品是在新西兰制造并在中国销售，因此必须同时满足两个国家的标准，出现尺度差别时，还必须遵守更严格的那一个。

关键是消费者为什么会有"崇洋媚外"的选择呢？一是质量和安全问题，二是品牌和文化的价值。

拿奶粉来说，在国产奶制品安全事故频发的情况下，国产品牌是不受信任的。这是一个沦落的市场，商品价值的扭曲成为一种常态。消费者普遍相信，洋品牌的质量是好的，越贵的就是越好的，洋品牌越贵消费者越买，本土品牌越便宜消费者越不敢买。经济学上，有一种"吉芬商品"的现象，即指在其他因素不变的情况下，某种商品的价格上升，消费者对其需求量反而增加。洋奶粉恰如这样的"吉芬商品"，但事实上，这样的"吉芬商品"并没有违背众所周知的需求定律，而不过是在这个沦落市场中消费者心理的反映。这种消费者心理并非不理性，而恰恰是信息不对称之下的一种理性选择。

洋品牌巨大的利润空间，就是在这样一种消费心理下产生的。假洋品牌的诞生，也来源于此——这实在不过是不同市场之间优胜劣汰的结果。

再说品牌和文化。据说中国正在成为全球最大的奢侈品贸易与消费中心，2012 年消费总额预计将达 146 亿美元。然而，却几乎看不见奢侈品的中国品牌，清一色的都是外国品牌。拿高端洋酒来说，在中国市场以每年 30% 的速度增长，售价往往是国外数倍。而中国白酒在国际上的份额不足 1%，茅台品牌够声名远扬吧，但其海外市场份额仅占总销售量的 5%，而且国外的茅台售价普遍低于国内。为什么？品牌的价值，承载着文化的力量。

在一个市场中，产品之间有竞争，有优胜劣汰；而在一个全球化的经济中，市场之间也有竞争，也有优胜劣汰。一个沦落的市场，无法吸引资本的青睐，也难以形塑品牌的价值。

对国内企业来说，进行品牌塑造或品牌创新不仅是件难事，而且也是一件吃力不讨好的事。于是，疯抢洋品牌，追求利益短期化成为一种理性选择。同时，另一种结果是，即使一些好不容易成功塑造的本土品牌也缺乏继续做大做强的热情与动力，而是宁愿见好就收、激流勇退，对外资企业拱手相让。

本来，品牌姓"洋"姓"土"无关紧要，但是当企业穿上"洋皮大衣"，只是为了短平快地榨取其利润，对这个经济体来说就是有害的。因为一个国家的企业热衷于这样的选择，意味着他们丧失了进行品牌塑造和品牌创新的热情和动力。

穿上"洋皮大衣"就可以打胜仗，看似草莽时代的一种机遇，实质上却是一记响亮的警钟。

五、超越草莽时代

史玉柱宣布辞去巨人网络 CEO 的时候，马云要辞去阿里巴巴集团 CEO 的消息已经满天飞了。

史玉柱为此耿耿于怀。因为他向董事会提出辞职报告时，马云还没有提出辞职。史玉柱觉得有点"冤"，董事会迟迟不批准，让他"起了个大早，赶了晚集"。

的确，史玉柱本来就应该在马云之前隐退江湖。因为他在告别一个时代，而马云却是在承上启下、辞旧迎新。

史玉柱在对比自己和马云辞职后的差异时说，马云是个非常鲜明的人，他即使辞去 CEO，阿里巴巴也一直会带有鲜明的马云印记；他自己就没这个特点，估计辞职一年后巨人就没他的烙印了。

那个市场经济的草莽时代宣告结束了。驰骋草莽江湖的史玉柱志得意满扬长而去，但是马云显然不会甘心就此放手。他的辞职更多的是形式，具有的也只是象征意义。

马云说："互联网是年轻人的天下，能给他们提供更多、更大的舞台是我们的责任，更是我们的荣幸，也是我们这些人可以给公司未来创造最大的贡献所在。"马云不是离开，而是要创造一个更大的舞台。

在他看来，旧的商业文明是"以利润为中心的，是以自己而不是以社会为中心的"，但是新的商业文明需要的是"更懂得开放、分享、责任和具备全球化观念的公司"，"阿里巴巴希望成为这样一家公司"。

在马云梦想的新的商业文明体系中，将"不再有国企和民企的区别、外资和内资的区别，大公司和小公司的区别"，人们谈论一家公司时，只会说它是不是诚信的公司；"商人不再追求利润，而是追求社会的效率与公平"，不是以赚钱为自己的目的，而是想要"完善社会"；作为商人，"要承担和政治家、艺术家、作家一样促进社会进步的责任，成为社会发展的主要动力之一"。①

这样的商业梦想，的确还只是一种梦想。在很大程度上，马云和他的阿里巴巴原本也不过是从市场经济的草莽江湖中脱颖而出的佼佼者。他身上仍然残留很浓的草莽气息，他想要摆脱的旧的商业文明依然如影随形。

2011年是个分水岭。这一年，是马云48岁的本命年，也是在他看来最为艰难的一年。他自己出现在了三次发布会中。一次是因为中央电视台曝光淘宝出售假货，一次是支付宝股权转移风波，第三次则是因为当时的淘宝商城修改规则遭到巨大反弹，引发所谓"十月围城"。这三件事尤其是后两件，都事关他所最为看重的诚信问题。

支付宝股权转移风波，引来了马云和著名媒体人胡舒立的"胡马之争"。后者在《马云为什么错了》写道："事前恐怕没有人能够想象，马云，这个21世纪以来常操一口流利英文活跃于国际场合的中国企业风云人物，会偷天换日，把明明

---

① 李翔. 马云：中国企业家确实没有好下场 [J]. 时尚先生，2013（1）.

属于中外合资企业阿里巴巴集团的核心资产'支付宝'，悄然转入自己控制的私人企业名下。"

胡舒立认为，马云错了，错在违背了支撑市场经济的契约原则。这是很严重的指责，以至于马云回国后，立马在杭州举行媒体见面会，称"我们做了一个艰难、不完美但必须要做的决定，也是唯一正确的决定"。

"十月围城"事件中，淘宝商城调整招商续签及相关规则，技术服务年费和违约保证金涨幅高达 5~15 倍之巨，引起大批商家，尤其是中小商家的不满。在网上诉苦整夜的经营户们突然暴起，以围攻淘宝商城多家网店巨头的方式，向淘宝宣战。而马云和淘宝态度强硬，声称："今天在中国，做商人难，做诚信商人更难，建立商业信任体系难上难。一生中总有那么一些时刻，我们需要鼓起勇气去做选择……甚至离经叛道得罪亲友。即便如此，我们可能还会一意孤行！"马云坚信，淘宝做了"最该做的事"。

马云在乎信誉，商家同样在乎信誉。然而，双方追逐的诚信，都缺乏一种契约精神的支撑。

小卖家的"暴动"行为，利用了淘宝商城"闪电发货"和"7天无理由退货"这两条规则，看似有章可循，但实际上假冒消费者身份、合谋群起而攻、伤害第三方利益，无不违背市场经济中的契约精神。

马云同样如此。或许他认为，在新的年度，提高技术服务年费和违约保证金是淘宝的权利。然而当初淘宝为吸引大大小小的卖家进入商城而订立的契约，难道可以随时撕毁么？因此给小卖家造成的损失可以漠不关心么？更新相关契约，不能只是淘宝单方面的事，而应体现淘宝与卖家的对等关系。

正如胡舒立所说：契约与产权一道构成市场经济的基石，践踏契约原则就伤害了市场之本。没有契约精神，又哪来一诺千金的诚信？

这是草莽时代的企业家需要面临的拷问，马云也不例外。

2013 年是个里程碑。这一年，马云辞去了阿里巴巴集团 CEO，而电子商业模式的新时代已经势不可挡。

"双十一"那天，当支付宝的总成交额 350.19 亿元这一数字最终定格在阿里巴巴西溪西园的数据中心大屏幕上时，并没有引发现场诸多守候直播的各方人士的尖叫或者惊叹。

马云在当天表示："300亿元不是悬念，如果真正要想做，我觉得未来几年内，1000亿元也不是做不到的数字。但数字并不是我们今天所关心的。我们今天最关心的是数字背后的东西，通过数字我们怎么样去真正地理解市场的力量。"

什么是市场的力量？就在"双十一"大战前，马云见到了国务院总理李克强，谈到了阿里巴巴解决就业的能力和创新。马云表示，目前，整个淘宝开店商家为900万个，比较活跃的商家为300万个，而就是这300万活跃的商家，带动了近1000万人的就业。李克强回应，"你们创造了一个重要的消费时点"。①

这就是市场的力量。而这个市场已经不是往日的市场，它深深地打上了电子商业模式的烙印。

就在2012年12月，中国经济年度人物颁奖盛典上，马云曾与万达董事长王健林设下著名赌局。双方约定，2020年如果电商在中国零售市场份额占50%，王健林将给马云一个亿，如果没达到马云给王健林一个亿。王健林表示："电商发展很快，但是也别忘了传统零售也在做大蛋糕。"他的感觉是双赢。而马云则信誓旦旦地表示："如果王健林赢了，那就是我们的社会输了，如果房地产一直是我们的经济支柱，我们将输掉我们这一代人的幸福。"

耐人寻味的是，也就2013年央视中国经济年度人物颁奖前夕，王健林高调宣布："亿元豪赌就此作罢！我和马云很快合作！"所谓合作，就是进军电商新模式。王健林称，万达有丰富的零售资源，不做电子商务太可惜了，并承认万达电子商务从半年前就正式启动了。

王健林取消赌局，未必就是宣布认输，但是显然他也认识到，传统的商业模式必须转型。

马云相信，一个新的市场经济时代正在来临。在"双十一"当天，他声称网购的力量可以把房价、物价打压下来。尽管任志强冷笑：300亿元也就是几块地

---

① 陈璐. 李克强给马云点赞：把你请来就代表着我们的信任 [N]. 中国青年报，2013-11-07.

钱，全国每天平均房屋销售超过 150 亿元；但马云表示自己不关心数字，而是相信市场的力量。

市场的力量不只是电子商务模式的崛起和对传统商业模式的替代。事实上，阿里巴巴的触角，早已超出电子商务的界限。

从 2012 年 9 月份开始，阿里巴巴将未来定位为"平台、金融和数据"三大核心业务，"电商"已不在表述之内。从中可以看到一家互联网企业的清晰轨迹：从贸易转向商业，又从商业进入支付领域，再由支付业拓展到金融业。阿里巴巴的金融业务已经涵盖支付、小贷、担保以及保险业务，加上 2013 年 6 月高调推出的余额宝，马云在完成电商平台的建设后，开始全面挺进金融领域。

按照马云的说法，这是一场金融的革命。

而在马云宣布"退休"仅 18 天后，马云就出手物流业，在深圳宣布启动在全国多个城市建设仓储系统的"中国智能骨干网"项目，其"创业公司"身家不菲：注册资金 50 亿元人民币，规划总投资 3000 亿元人民币。马云希望用 5~8 年的时间，努力打造遍布全国的开放式、社会化的物流基础设施，建立一张能支撑日均 300 亿元、年度约 10 万亿元的网络零售额的智能骨干网络。

这是另一场物流的革命。

但是，无论是这场金融的革命，还是这场物流的革命，都还只是马云商业版图的冰山一角。

自 2013 年至今，阿里巴巴展开频繁收购和投资，被媒体戏称为"买下半个中国互联网"。除此之外，阿里对文化、健康、体育的投资，目标早已不是电商，而是剑指前途无限的生活消费领域。

UC 优视、新浪微博、陌陌、丁丁优惠、菜鸟网络、高德地图、海尔、银泰、新加坡邮政、恒大足球、优酷土豆、文化中国、中信 21、华数传媒、虾米音乐……加入阿里巴巴麾下的这个名单还是不断添加中。

《哈佛商业评论》称，阿里巴巴不仅仅像 Facebook、谷歌，或者亚马逊，它的运作模式还类似百年巨头通用电气。马云受到杰克·韦尔奇影响，并不为集团设立一个统一的具体目标，而是让各个业务发展自己的战略，要求它们在各个行业中成为领先者，很像杰克·韦尔奇的"第一或者第二"战略。

而这样的故事，似乎只能在中国发生。企业集团生态可能在发达国家被看做恐龙，但是在新兴市场国家，多元业务的集团生态正在继续蓬勃发展。

但是，当 2014 年 5 月 8 日，阿里巴巴向美国证券交易委员会提交 IPO 招股书，市场估值接近 2000 亿美元，这个看似激动人心的中国故事却变得有些苦涩。因为这个中国故事可能并不具备那么多的中国情结。从股权结构看，日本人孙正义才是最大赢家，他的软银集团是阿里最大股东，持有 34.4% 的股份。另外美国雅虎是第二大股东，持有股份比例为 22.6%。至于马云持股仅约为 8.9%，另外常务副主席蔡崇信持股 3.6%，陆兆禧、张勇等高管持股均未超过 1%。

这个结局未免让很多人沮丧：阿里巴巴每赚 100 元，就有 34.4 元属于日本软银，22.6 元属于美国雅虎，当然后面还有更多的美国股民。原来，阿里巴巴是在给老外打工！

于是，阿里巴巴的形象在很多国人眼里，变得暧昧甚至有些耻辱起来，哪里还是中国骄傲，简直成了一个中国悲剧。

事实上，阿里巴巴给老外打工，本身没啥大不了。在经济全球一体化的时代，资本流动再正常不过，不能用狭隘的民族主义心态去对待。外国资本选择阿里巴巴，阿里巴巴拥抱外国投资，直到去美国上市，都无可厚非。既然人家是股东，当然就要为人家打工。

真正值得追问的是：阿里巴巴为什么要给老外打工？

答案其实寓于另外一个问题中：即为什么中国资本没有追逐阿里巴巴。开放时代的市场上，资本是平等的，而且国内资本事实上占据天时地利，但它们对当时的阿里巴巴却无动于衷。这只能说明，它们没有敏锐的市场眼光，或者说没有承担风险的长远打算，"肥肉"让外国资本吃了。

可悲之处在于，国外投资者不仅大块吃肉，而且连骨头都不剩。阿里巴巴在美国上市，美国更多的投资者有机会分一杯羹，而中国投资者连汤都喝不着。但这又能怪谁呢？不只是阿里巴巴，包括新浪、腾讯、百度，更多优秀的高成长的互联网企业都选择在美国上市，因为 A 股并没有对它们敞开大门。一些非常荒谬的指标门槛，首先成为它们要想在 A 股生根发芽的障碍。对阿里巴巴来说，马云坚持的合伙人制度，即所谓"协议控制"，根本不可能被 A 股接受，甚至香港股市也说"不"。

从根源上讲，这是市场机制的一种较量。本来，在新兴的互联网行业，中国与美国、日本可以站在同一条起跑线上一争高下，众多优秀企业可为明证；但是阿里巴巴的故事说明，互联网行业的竞争，不只是技术的竞争，更是市场制度的竞争。毕竟技术再先进，也得生于市场、长于市场。

而企业家精神，更是植根于市场。

马云说："市场经济的主导力量是人，是企业家精神……我们再也不能期待着政策，我们再也不能期待资本，而是期待着自己去创新，去努力。"

创新的本质，是企业家寻找未来的经济增长点，向未来要最大化的利润。当一个市场内部两种体制并存带来的利益落差已不再，当国内和国外不同市场之间的利益落差也缩小，就只能寻求现在和未来之间的利益落差。

这就必须靠企业家精神，去超越市场经济的草莽时代。

阿里巴巴见证企业家精神的诞生和成长，但是这种成长显然存在不少障碍。

阿里巴巴不得不给老外打工，说明超越市场经济的草莽时代，革命尚未成功，同志仍需努力。

让所有怀揣创业梦想的人值得庆祝的是：2014 年 9 月 19 日晚上 9 点，阿里巴巴在美国纽约交易所正式挂牌上市。

5

集资原罪

2013 年 8 月 13 日，在天则经济研究所主办的"曾成杰案分析会"上，万科董事长王石呼吁建立企业家犯罪自救基金。

就在一个月前，湖南湘西州知名企业家曾成杰因"集资诈骗罪"已被执行死刑。

但对王石的提议，企业家孙大午认为效果非常有限："即便基金会能够救一个人或几个人，能救所有人吗？"显然，在 10 年前曾因"非法吸收公众存款罪"获刑的孙大午对体制之弊更有切肤之痛。

目前中国相关法律规定的"非法集资罪"分为四种，最常见的就是"非法吸收公众存款罪"和"集资诈骗罪"。在很大程度上，它们都是可以根据需要对民营企业家生杀予夺的"口袋罪"，这让"非法集资"几乎成了很多民营企业家与生俱来的一种原罪。

集资原罪就是对准企业家精神的达摩克利斯之剑。

一、"非法"的达摩克利斯之剑

孙大午后来谈起 10 年前的那段劫数表示，至今不知道自己当初为什么获罪："有人说我是因言获罪，有人说是我得罪了地方官员。我不知道，也许各占 50% 吧。"①

但名义上的罪名是非常清晰的，那就是"非法吸收公众存款罪"。

公诉方称，自 1996 年开始，河北大午农牧集团有限公司未经中国人民银行批准，违反国务院《非法金融机构和非法金融业务活动取缔办法》的有关规定，采取高于银行利率、不缴纳利息税的手段，私自下设 10 余个非法吸储代办点，向公司内部职工及周围村镇居民非法吸收公众存款。期间，中国人民银行徐水支行曾多次对大午集团公司非法吸收公众存款的行为进行查处，并责令其停止吸收公众存款，但大午集团公司我行我素。截至 2003 年 5 月 27 日，大午集团公司非法吸收公众存款余额达 3526 万余元，吸收储户 4600 多个。

孙大午案一时成为全国焦点，并且得到来自舆论界和法律界普遍的声援——因为其集资行为有一个合情合理的过程。

所谓"合情"，很大程度上源于这个亿万富翁为富且仁的道德形象，使得其集资行为有了正义的基础和正当的归宿。

据媒体报道，孙大午不追求物质生活，却自修英语，以儒家思想管理企业，建了学校修了公路，做了很多好事，而且长期以来呼吁"三农问题"。 他藐视"裙带资本主义"，崇尚"共同富裕"。

辩护律师许志永在庭上如是说：大午公司利用民间闲散资金办起了企业和学校，解决了 1500 多人的就业问题，每年要给周围邻村村民发出 600 多万元的工资，造福一方百姓；而孙大午本人则勤俭节约，住在大午公司集体宿舍，其 80 多岁的父母至今仍坚持劳动，每到传统节日，周边村庄的老人都会受到公司的帮助。

---

① 韩福东. 孙大午：民企的当下境遇 [J]. 中国新闻周刊，2004（5）.

所谓"合理"，是说孙大午的集资行为，对他自己来说是一种理性选择，对集资的群众来说，也是一种理性选择。

孙大午为什么要集资？因为没有更好的办法。据说，孙大午是一个不善于或者不愿意搞公关的人，连逢年过节的一些"礼尚往来"都没有，这使得大午集团和一些主管部门的关系不好，已经达到了"糟透了"的地步。

2000 年，孙大午做一千亩的葡萄园，需要贷款 600 万元。当时公司有人劝孙大午走走后门，被说服的孙大午给当地信用社的头送去了 1 万元，但是结果事没办成，孙很气愤，非要将这 1 万块要回来，最后要回了 6000 元。从此之后，孙再也不给信用社做任何关系疏通。当然此后，大午集团年年申请贷款年年也批不下来。①

一方面贷不出来款，另一方面企业发展又需要资金。以孙这样的性格，他不可能整合到政府资源支持，他能整合的只有民间资源。

从 1995 年开始，孙大午想到了从几个亲戚那里筹钱，由大午集团出具借据，承诺给以一定的利息。这种模式后来拷贝给了大午的员工。在 1300 名员工中，共有 900 余名把钱借给了大午集团。这些员工的亲戚又带来了 1000 家储户，然后户户相传，储户逐渐扩大到了附近的几个村庄，最终逐渐形成了 4600 户的规模。孙大午给这种形式取名为"金融互助社"。

群众之所以将钱借给大午集团而不存到银行，是有道理的。一是因为大午集团信用好，8 年中没有与储户发生过一起信用纠纷；二是储户感到这样方便，因为他们本来就是大午集团的供应商，将玉米等农作物卖给大午集团后，不需要钱时就放在大午集团，要钱时可以随时去取；三是利息比银行存款更高，收益更好。②

但是，合情合理的事情，还得合法。按当时中央电视台审判长的话说："不能说你孙大午道德高尚、为人正派就不处罚你。我们是按法律办事，不是按道德办事。"

---

① 邱伟. 亿万富豪孙大午被捕事件 [N]. 21 世纪经济报道，2003-07-21.

② 钟朋荣. 评析亿万富翁孙大午被捕事件：非法集资与合法圈钱 [N]. 中国证券报，2003-08-20.

集资是否合法，这正是孙大午案引发争议的地方，也是当时法庭辩论的焦点。

辩护律师许志永指出，大午公司的行为是属于合乎民事法律规范的民间借贷行为。因为所谓"存款"是一个金融概念，对应的是贷款，而大午集团并没有放贷的行为，所以不属于刑法规定的"非法吸收公众存款或变相吸收公众存款"的范畴。从形式上看，大午公司的借贷行为有大午公司出具的"借据"为证；从实质内容来看，大午公司的确是借款供自己发展生产以及办教育使用，而不是挪作他用或者转贷给他人；从借贷对象来看，借贷行为基本上局限在员工、员工的亲朋好友以及有经常经济往来的临近乡亲中间；而从后果来看，大午公司的行为不仅没有造成社会危害，而且造福社会。至于法律依据方面，《非法金融机构和非法金融业务活动取缔办法》是在亚洲金融危机的背景下出台的，本身已经将非法吸收公众存款的概念扩大化，把大量的正常的民间借贷行为列入了打击范围，辩护律师认为其是比较典型的僵化法律。

最终，法院以非法吸收公众存款的罪名判处孙大午有期徒刑 3 年、缓刑 4 年，罚金 10 万元，大午集团同时也被判处罚金 30 万元。

这显然是一个妥协的判决——既要维护相关的法律威严，又要权衡舆论压力。

问题在于，相关的法律是不是正义的法律？还有没有维护的必要？

经济学家茅于轼就此评论认为："过去制订的一些与市场经济原则不相适应的法律法规亟待修正甚至废止，如果违反了这样的法律，未必是一件坏事。孙大午错就错在干了一件'违法'的'好'事。"①

大午集团被认为是个好企业，孙大午被认为是个好企业家，大午集团和孙大午在当地信用基础很好，但是这样一个企业和企业家，居然进行了"非法集资"。

按照经济学家钟朋荣的说法，在中国金融领域有两种现象：一种是非法集资，另一种是合法圈钱。股市上，有的上市公司通过造假骗取上市，再通过造假骗取资金，最后东窗事发，股价暴跌，投资者血本无归，相关法律却非常仁慈。与此同时，我们的法规对"非法集资"的打击却是非常严厉的，而且几乎成了中国金融监管部门的头等工作。

---

① 荆龙. 特别策划：2003 中国要案盘点［N］. 人民法院报，2003–12–31.

那么，打击"非法集资"究竟是为了什么？

据说，正是信用社的举报，才有了孙大午的被捕。信用社抱怨说，大午集团的这种行为让他们几乎吸收不到存款。因为大午公司的信用状况以及资产负债比率远远优于周边的农信社，还付出更高的利息。

于是，孙大午就"扰乱了金融秩序"。

所谓金融秩序，其实就是金融的垄断。其目的就是要把全国人民的钱都逼进银行，付给很低的利息，而所有的企业要用钱又都只能找银行贷款。

维护"金融秩序"，就是要维护金融的垄断。

于是，民间以任何形式进行集资的金融活动都可能变成"非法"。哪怕垄断的金融不能提供相应的金融服务，你也不能越雷池一步。

按照财经作家吴晓波的描述：2000年之后，国有银行进行商业化改造，一向被认为运营成本高且盈利性较差的乡镇市场被大面积放弃。到了孙大午出事的2003年，全国300多万户私营企业获得银行信贷支持的只占10%。[①]

一方面要逼得你去搞"非法集资"，一方面又要严厉打击"非法集资"——这种金融垄断的逻辑，让很多民营企业家似乎都免不了娘胎里带来的"原罪"。

但"非法集资"是否就有罪？孙大午有自己独到的见解："法律允许你做的，你做了，这是合法；法律禁止你做的，你做了，那就是违法。法律没有明文规定允许或禁止的，你做了，这是否就是'非法'状态？"显然，他认为他的集资行为处于合法与违法之间的模糊地带，结果被"绳之以法"了。

处于模糊地带的"非法"，犹如一把达摩克利斯之剑，悬在民营企业家头上，随时可能劈下来。

---

① 樊力. 孙大午的人生黑白灰 [J]. 商界，2013（8）.

二、中国"吴氏骗局"

2003 年 5 月，孙大午因"非法集资"被抓，素不相识的柳传志迅即承诺，联想集团负责偿还大午集团的 1300 万元债务。这让孙大午非常感动。

2007 年浙江东阳吴英集资案爆发，身为"过来人"的孙大午，曾几次公开声明，愿意给吴英担保 1 亿元的债务。这不仅是出于一种同命相怜，更有一种薪火相传的回报心态。

按照法院的判决认定，吴英于 2003—2005 年在东阳市开办美容店、理发休闲屋期间，以合伙或投资等为名，向徐玉兰、俞亚素、唐雅琴、夏瑶琴、竺航飞、赵国夫等人高息集资，欠下巨额债务。为还债，吴英继续非法集资。2005 年 5 月至 2007 年 1 月间，吴英以给付高额利息为诱饵，采取隐瞒先期资金来源真相、虚假宣传经营状况、虚构投资项目等手段，先后从林卫平、杨卫陵、杨卫江（均另案处理）等 11 人处非法集资人民币 7.7 亿余元，将这些钱用于偿付集资款本息和购买房产、汽车及个人挥霍等，实际诈骗 3.8 亿余元。

2009 年 12 月，金华市中级人民法院以集资诈骗罪一审判处吴英死刑。2012 年 1 月 18 日，浙江省高级人民法院二审驳回上诉，维持原判。死刑判决引发了舆论旷日持久的热议以及社会各界"刀下留人"的呼吁。

2012 年"两会"上，时任总理温家宝在"两会"后答记者问时公开表示，吴英案给我们两点启示：第一，对于民间借贷的法律关系和处置原则应该进行深入的研究，使民间借贷有明确的法律保障；第二，对于案件的处理，一定要坚持实事求是。

2012 年 4 月 20 日，最高人民法院依法裁定不核准吴英死刑，将案件发回浙江省高级人民法院重新审判。最终吴英被判死缓，捡回一条命。

孙大午一直坚持认为，吴英案应属民事案而非刑事案，吴英无罪但有错。他说："她就是无知、狂妄，想通过搞企业一下子发大财，很愚蠢。"他公开表示，此案就应该给吴英还债的空间和时间。

青年经济学家薛兆丰对此并不苟同。他觉得，按照孙大午的观点，只要给骗子足够时间，世界上就不会有骗子了。[①]

与当初舆论界与法律界对孙大午的普遍声援不同，吴英案的罪与非罪争议颇大。其中"有罪但罪不至死"是比较具有代表性的观点。

薛兆丰在反对极刑、赞成给予民间融资更大自由的前提下，认为吴英行为属于"庞氏骗局"的诈骗行为。他认为，如果不惩罚反而鼓励吴英式的经营行为，那将是对诚实商人的羞辱，也是对正当民间融资的扼杀。

庞氏骗局是一名叫查尔斯·旁兹的外国投机商人"发明"的投资诈骗。根据维基百科的定义："庞氏骗局就是靠投资者或后继投资者的钱来还钱、而不是靠实际盈利来还钱的运作。它通常靠别人所不能的回报来吸引新的投资者，而这些回报通常是短期还款，它要么高得不正常，要么就是持续得不正常。这种生生不息的回报需要不断增长的现金流来维持。这种系统注定是要失败的，因为它的收入（即使有的话）也比付给投资者的回报低。"

庞氏骗局用中国话说，就是"拆东墙补西墙"、"空手套白狼"。

据报道，吴英借贷时许诺的高红利，一般借贷1万元，每天要支付35元、45元、50元的利息，年息达到125%以上。而吴英在庭审中承认，她向林卫平等人所借资金年回报率至少在50%以上，部分达到100%，到了后期资金链出现问题，甚至出现"3个月回报期"，即三个月的利息达100%，年息在400%以上。

薛兆丰据此认为吴英案构成了庞氏骗局。他说，吴英在举债时，刻意隐瞒实际亏损，并一再履行承诺，使人误信其盈利能力。在这过程中，吴英确实有实业投资，但这些实业的盈利能力不足以承担50%、100%、甚至400%以上的利率。实际上，当吴英的经营出现亏空后，还款就越来越多地依靠她所构筑的资金链条，即利率高得越来越不切实际的新贷款。败露的契机，也正是这个资金链条的断裂。

在一定程度上，吴英案的确具有庞氏骗局的特征。但是，如果仅仅根据这些特征就断定吴英案是庞氏骗局，又失之武断。

---

① 谢雪琳. 孙大午眼里的吴英案 [N]. 第一财经日报，2012-04-24.

很简单，严格意义上的庞氏骗局根本没有实际上的投资项目，或者并没有将资金真正投入实体项目。但吴英显然不是这样。2006 年 3 月起，吴英在东阳注册成立了 12 家以本色命名的实业公司，涵盖商贸、地产、酒店、网络、广告等众多领域。其中，浙江本色控股集团公司，注册资金达 5000 万元，吴英本人出资 4500 万元。虽然法院判决认定，吴英主观上具有非法占有的目的，将集资款部分用于购买房产、车辆和个人挥霍，还对部分集资款进行随意处置和捐赠，但其中大部分又的确用于公司经营。

另外，在庞氏骗局中的受骗者是不特定公众，即上线发展下线组成金字塔结构。比如，美国历史上最大的麦道夫"庞氏骗局"，就是以自己的机构和身份为掩护，用朋友、家人和生意伙伴发展"下线"。但是吴英案中，虽然法院判决认定，其非法集资的对象除林卫平等 11 名直接被害人，还包括向林卫平等人提供资金的 100 多名"下线"。但是，这些所谓"下线"和吴英没有直接关系，也并没有被要求去继续发展下线来获取回报。该案的林卫平等被害人，被法院判决犯有非法吸收公众存款罪，这就相当于和吴英之间做了某种切割。

最后，庞氏骗局没有意愿也没有能力来还债的，但是吴英不同，她有意愿还债，甚至后来也可能具有了还债的能力。

早在 2008 年，浙江东阳公安机关曾对吴英案部分资产进行过处置，当时官方称"为保障被害人的权益，防止出现哄抢、流失等情况"，而吴英父亲吴永正认为，依据刑诉法相关司法解释，当地公安机关通过拍卖公司拍卖涉案资产的行为是违法的。而且，令林卫平等债权人不解的是，这些拍卖所得款项沉睡于吴英案专用账户上，却始终不发还给债权人。

2012 年 5 月 21 日，吴英案终审宣判后，浙江省高级法院曾专门介绍了"吴英被扣押查封的资产"情况。其中包括：浙江东阳的 89 套房子、湖北荆门市的 26 套房子，以及浙江诸暨的一处房产；价值 1.2 亿余元的珠宝（吴英支付货款 2300 万余元）；41 辆汽车；租用的店面房及仓库内的物资；本色概念酒店。

吴英判决书中采信《鉴定结论书》，认定吴英被扣押的财产价值 1.7 亿元。

而吴英代理律师表示，案发时被扣押的资产被大量漏计。吴英的父亲吴永正则认为，仅就至今未被处置的涉案不动产而言，因为近几年大幅增值，现值或超过 6 亿元，卖掉之后用来还 3.8 亿元欠债绰绰有余。[①]

由于本色集团名下仍有大量财产，牢中的吴英也准备通过更换法定代表人的方式，重新激活本色集团，以便用本色集团的资产偿还债务。

这就出现了一个很尴尬的法律问题：倘若资产处置后能偿还全部欠款，那将冲击法院判决中所谓的"资不抵债"的认定。那么，吴英到底构不构成犯罪？即使构成犯罪，其后果势必大为减轻，对其处以"死刑缓期两年执行"的惩罚是否合适？

按孙大午的说法，吴英隐瞒自己债务，有欺骗的行为，但诈骗不能成立。他认为，诈骗是以非法占有为目的，而且会套现跑路，但吴英没有，而是投到房地产等项目中。

因此，与其说吴英案是庞氏骗局，不如说是中国的"吴氏骗局"。而其中的"骗"更多的是欺骗，未必是诈骗。

可以支撑这一判断的是，在吴英案的受害人中，无人以诈骗向法院提起诉讼。而温州市中小企业促进会会长周德文在公开场合表示："要是吴英有罪，温州 99% 的商人都应该被抓起来。"[②]

那么，是谁制造了中国的"吴氏骗局"？

审视吴英案，不难发现一种矛盾现象的存在，即一方面，许多企业从正规渠道不能以市场价格借到钱，另一方面，大量的资金找不到更好的投资渠道。这导致在正规金融市场之外，民间金融和地下金融市场的长期存在和大量存在。

金华地区的东阳和义乌，由经济特色决定其民间资金存量巨大，根据金融机构对 2006 年的记录，各项本外币存款余额总计为 214.6 亿元，义乌市 2006 年居民储蓄存款余额为 375.3 亿元。更有统计机构估计，浙江一个省的民间流动资金大

---

① 陈锋. 吴英案涉案资产大幅升值可还清欠款 此前处置或违法 [N]. 华夏时报，2013-10-09.

② 晨浩. 期待金融改革能增加民营企业家的融资渠道，减少民营企业的融资风险 [J]. 中国新时代，2013(10).

约在 1 万亿元到 2 万亿元之间。这些巨大的资金需要找到增值的途径，这为吴英的非法集资提供了天然的土壤。

吴英这个典型的底层小人物，在狂飙突进的创业路上，做着野心勃勃的财富梦，即源于此。

有人评价说，吴英案是非理性的经营者和不理智的投资者共同导致的结果。而无论是经营者的非理性，还是投资者的不理智，都内生于矛盾重重的金融制度。

"我是真实的亿万富翁，而她不是。"在谈到自己与吴英之间的区别时，孙大午流露出"恨铁不成钢"的痛惜："她的企业是膨胀的，我搞了 18 年才搞到亿万资产，是一步一步地发展起来的。我举债的同时，企业有很强的偿还能力。她借的是高利贷，我不是。"

如果说孙大午案中，更多反映的是企业经营"钱从哪里来"的问题——贷款困难的孙大午向乡亲大面积借款；那么，吴英案更多反映的则是民间金融"钱往哪里去"的问题——没有投资渠道的资金大量集中到那些"人有多大胆地有多大产"的经营者手中。

"钱从哪里来"的问题，制约了企业的成长壮大，犹如营养不良影响了企业家精神的施展；而"钱往哪里去"的问题，则误导了企业的发展方向和路径，犹如一记迷幻药扭曲了企业家精神的生长。

就此而言，孙大午案和吴英案犹如一枚硬币的正反两面。

三　翻手为云，覆手为雨

吴英和曾成杰有几个共同点：一是他们都是民营企业家，二是他们都因"非法集资诈骗罪"获刑，三是他们从被捕到最高人民法院复核，都用了整整 5 年时间。

但是他们有不同的命运：吴英被判死缓，而曾成杰最后得到的还是死刑判决。

2013 年 7 月 12 日，曾成杰被长沙中院执行注射死刑。当晚，他的女儿曾珊在微博上悲愤表示，家属没有得到通知，连最后一面也没见到。

舆论一片哗然。按照法律规定及相关司法解释，法院在执行死刑前，应当告知罪犯有权申请会见其近亲属并及时安排会见。

面对质疑，长沙市中级人民法院 7 月 14 日在其官方微博发布消息称："法律没有明文规定，对犯人执行死刑时，犯人必须跟亲人见面。"如此冷血的回复，引发潮水般的质疑与愤怒。

半小时后，长沙中院将此条微博删除，并发微博道歉及解释，称微博管理人员对刑事法律学习钻研不够，已提出严厉批评。为平息网络风波，当晚 7 时长沙中院再发帖子解释称："7 月 12 日上午，长沙市中级法院在对罪犯曾成杰执行死刑前验明正身时，法官告知其有权会见亲属，但罪犯曾成杰并没有提出此要求，在其遗言中也没有提出。"

该回应再度遭到人们极大质疑，被认为是用"死无对证"来搪塞。同时该解释被律师们找出新的法律漏洞。长沙中院三条帖子，被外界认为既是法盲又是流氓。

本来，曾成杰被执行死刑，已经足够引发舆论同情，如今竟然被处决，更增加了舆论普遍的愤怒，进而引发社会各界对判决的质疑，以及对事件真相锲而不舍的追问。

直到 2013 年 11 月 25 日，最高人民法院还不得不"答记者问"，以平息舆论热议。

最高法称："从曾成杰集资诈骗的犯罪事实来看，其犯罪数额特别巨大，是历年来判决同类案件之最；受骗人数众多，也是历年来判决案件之最；既严重破坏金融管理秩序，又给国家和人民利益造成特别重大损失，还严重影响当地社会稳定，罪行极其严重，依法应当核准死刑。"

针对媒体将曾成杰案与吴英案进行对比，认为同是集资诈骗案，判决结果不同，有失偏颇，最高法回答说：无论从犯罪数额、涉及人数、社会危害来讲，吴英案都无法与曾成杰案相比。在犯罪数额上，吴英案非法集资 7.73 亿余元，而曾成杰案高达 34.52 亿余元。在涉及人数上，吴英案涉及 137 人，而曾成杰案涉及 24238 人。从社会危害上来说，吴英案没有造成社会群体性事件，并检举他人犯罪，被判处死刑缓期二年执行。而曾成杰案造成三次群体性事件，还有一人自焚，社会危害巨大。

但是，最高法没有提到曾成杰案和吴英案的一个最大区别，那就是：吴英的集资行为，自始至终都是民间金融或地下市场的自发行为，而曾成杰的集资行为，则一开始就有政府的默认乃至支持参与，在当地光天化日之下进行。

2003 年，商人曾成杰进入湘西州吉首市介入城区改造时，被当地官方媒体作为当时最大的招商引资成功个例大篇幅报道。

2003 年 6 月至 9 月间，曾成杰先后获得吉首市的"三馆"（湘西州体育局的体育馆、州文化局的图书馆与群艺馆）项目。为解决资金难题，曾成杰决定以三馆公司的名义对外集资，以 20% 年息作为回报。

由于湘西地理位置偏远，经济条件落后，湘西州和吉首市政府长期鼓励当地民营企业在法律框架之外集资。"调动民间投资和企业创业的积极性"、"千方百计启动民间资金"、"拓宽融资渠道、激活民间投资"这样的句子频频出现在湘西州 2000—2007 年的政府工作报告中。

地方政府的默许和支持，成为集资泛滥的温床，整个湘西陷入癫狂，90% 的家庭参与。湘西州委、州政府等官员亦深涉其中。

据后来官方公布，系列"湘西集资诈骗案"涉及 34 万人次、涉及本金总额高达 168 亿余元。

2008 年，由于国际经济形势及国家加强宏观调控，在经过五年高速发展之后，湘西民间借贷步入危机时期。再加上湘西政府领导换届，对民间融资的态度突然 180 度大转弯，从"爱得要死"转为"恨得要命"，并举起了严厉打击的旗号。

事实上，地方政府的做法，加剧了事态的恶化。当年 6 月，湘西州委、州政府在党政机关内部下发"严禁公务员参与融资"的文件，这被公务员们视为最后通牒和真正整治高息集资的信号，参与集资的党政机关人员纷纷撤资，嗅到风声的大户们也紧急抽资，10 亿元本金和利息被提前收回，挤兑风潮令民间融资危机全面爆发。[①]

---

① 陈有西. 曾成杰之死与民企金融困局 [J]. 南都周刊，2013(27).

可以说，系列"湘西集资诈骗案"有地方政府种下的因，也有地方政府催生的果。

地方政府对民间高息集资进行支持，使得民营企业的集资行为也得到了部分合法化。这意味着，政府转而打压集资行为，也需要承担连带责任，而不应该将责任一股脑推到民营企业家身上。

当占据信息优势的官员可以提前拿回本息，而按照后来的清退集资款的政策，参与集资的群众却只能拿回一部分本金——这种牺牲企业和群众利益，先保全政府官员利益的做法也引发了群众不满，又成为群体性事件的导火索。

而这些群体性事件，被归罪到曾成杰身上。比如，吴安英自焚，按照曾成杰代理律师王少光的说法，其在笔录上讲得十分清楚，自焚是对地方政府不满，并非因为三馆公司。吴安英当时在三馆公司的融资，除去她已经得到的利息后，没拿到手的只有 8800 元。这样的张冠李戴，事实上加重了曾成杰集资诈骗的罪名。[①]

当然，最关键的罪证在于曾成杰造成的经济损失，而这正是该案的最大疑点。

对曾成杰案造成经济损失 6.2 亿元的认定，牵涉到三馆公司未归还的本金，以及三馆公司的资产评估。对于前者，湖南省司法机关的会计鉴定结果是 17.7 亿元，但是辩护方认为集资户实际登记的案发前未归还的融资本金为 12.5 亿元，存在 5.2 亿元的巨大误差。而至于三馆公司的资产评估，以 2008 年 8 月 31 日为基准日，吉首市政府委托的资产评估公司评估价值为 8.29 亿元，清算价值为 6.47 亿元。但王少光认为，这完全是被低估的结果，当时三馆公司经资产评估和清产核资价值实际达到 23.8 亿元。他认为，当时的三馆公司，对其集资的债务，不仅具有归还能力，而且还处于盈利状态。

事实也证明了这样的判断。三馆公司所有资产被打包给湘西当地一家州属国有企业，而该企业又将该资产包分割转让出售，其中湖南省财政厅全资拥有的财信公司以 3.3 亿元得到三馆主体工程资产，仅仅在支付工程款 8150 万元建成二期工程后，一、二期工程房产的总卖价达 40 亿元，该卖价为其买价的 12 倍！可见

---

① 晨浩. 期待金融改革能增加民营企业家的融资渠道，减少民营企业的融资风险[J]. 中国新时代，2013（10）.

案发前三馆公司资产被评估为 23.8 亿元绝非空穴来风。①

三馆公司的廉价变卖，造成了三馆公司"资不抵债"并带来巨大损失的事实，将曾成杰送上了不归路。而当地政府在曾案尚未开庭时就处理三馆公司，并让国有公司接盘，也落下了打压民企、侵吞资产乃至"杀人灭口"的口实。

著名律师陈有西就认为，集资诈骗罪成了民营企业家"专属罪名"，而曾成杰是"国进民退"祭坛上的羔羊。

经济学家张维迎在谈到曾成杰案时表示，中国社会当前最不缺的不是法律而是天理。他认为，曾成杰的融资和商业活动并没有违反自然法；而地方政府的行为却是实实在在违反了大卫·休谟在《人性论》中定义的三条自然法：在法院判决之前，政府就剥夺了曾成杰的资产并在未经本人同意的情况下就将其转移给政府自己的企业，违反了稳定财产占有的法则，即私有产权不可侵犯；政府不允许曾成杰执行与出资人达成的还款协议，违反了根据同意转移所有物的法则，也就是自愿交易、自由签约权；政府一开始鼓励和支持他向民间筹集资金，后来出尔反尔，宣布他是非法集资，违反了履行许诺的法则，也就是人要言而有信。②

四、跑路与跳楼之后

吴英和曾成杰时运不济。如果他们的故事发生在几年之后，也许不会有那么悲哀的结局。

2011 年，温州发生了震惊全国的民间金融风暴。从 4 月开始，温州龙湾区一些企业因多元投资失败、赌博欠债等原因无力支付高额贷款，因而跑路。随后，企业倒闭、老板跑路的消息不时传出，愈演愈烈。

9 月 20 日，温州眼镜行业大亨——信泰集团董事长胡福林出走，成为一个标

---

① 陈小瑛，邵阳. 曾成杰案余波：23.8 亿资产以 3.3 亿出让疑被贱卖 [N]. 华夏时报，2013-07-25.

② 张维迎. 理与法：从吴英案到曾成杰案 [N]. 经济观察报，2013-08-23.

志性事件。第二天，温州9家企业主"跑路"。

据报道，胡福林欠下银行债务8亿元，月利息500万元；欠下民间借贷资金12亿元以上，月息超过2000万元。他的信泰集团是当地的眼镜业龙头企业，员工超过3000人。9月24日，千余名信泰集团员工因为老板跑路上街讨薪，震动了温州市委市政府。

接下来的9月27日，温州正得利鞋业的老板沈奎正因资金链断裂被逼入绝境，从22楼纵身跳下，"跑路"升级为"跳楼"。

据不完全统计，截至10月初，温州共有92名企业老总"跑路"。算上没有名气的微小企业老板、厂长，"跑路老总"队伍人数更加庞大，而且至少两名中小企业老板自杀。这是温州民间历史上，前所未有的跑路潮。①

公开数据显示，当时温州民间借贷市场非常活跃，估计市场规模1100亿元，占温州全市银行贷款额的20%，民间借贷利率也处于阶段性高位，年综合利率水平均为24.4%。与此同时，民间借贷首次超越房地产、股票、基金等投资方式，成为温州人眼中"最合算的投资方式"。温州有89%的家庭个人、59.67%的企业参与民间借贷。

但这次，政府对民间金融采取的不是严厉打压，对身陷危机的民营企业家也没有落井下石。

9月25日，温州市委书记陈德荣组织召开了名为"当前经济金融形势和民间借贷风险"的专题会议，随后出台的一系列政策措施尽出于此。例如，要求"确保小企业贷款增速高于贷款平均增速，对中小企业不抽贷、不压贷"等。

层出不穷的跑路、跳楼事件更引起中央高层的重视。"十一"长假期间，时任国务院总理温家宝抵达温州，听取温州市委、市政府有关民间借贷问题的汇报。随行的还有财政部部长谢旭人、中国人民银行行长周小川、银监会主席刘明康等财经部委高官，阵容强大。

温家宝要求：浙江省政府支持温州市政府，在一个月的时间内，把温州市的经济、金融局面稳定住。他提出，要提高对小企业不良贷款比率的容忍度，采取

---

① 嵇晨. 温州式"金融风暴"[N]. 第一财经日报，2011-10-10.

有效措施遏制高利贷化倾向。

政府出手之后，局势很快稳定，出走的企业主陆续恢复联系或回温州，比如，信泰集团就于 10 月 20 日恢复生产。胡福林立志生产自救，并在短时间内制订了实现劳动密集型传统制造业转型升级的方案。

不仅如此，官方对于民间金融和跑路、跳楼的民营企业家，有了一种让人耳目一新的评价。

在 2012 年 2 月，在第十二届亚布力中国企业家年会上，温州市委书记陈德荣在即兴演讲中表示："现在有一点妖魔化温州，说温州的高利贷者破坏了国家的金融秩序。今天我要说一个客观事实：没有温州的民间金融，就没有温州的市场经济，就没有温州的企业家。"市场经济是信用经济，人无信不立，陈德荣认为跳楼的企业家用"鲜血和生命捍卫了他的信用"，尽管这种行为不可取，但这种精神恰恰"是中国企业家的精神，是开拓市场的精神"。[①]

这样的观点与经济学家张维迎的观点相映成趣。张维迎说，一个健康社会就是每个人为自己行为承担责任，投资错了，该跳楼就跳楼，不要找其他理由。日本人在这方面做得就比较好。温州人也有跳楼，这就是一种负责任的表现。

尽管陈德荣"老板跳楼自杀是企业家精神体现"的说法，引发了很大争议；但它至少表明政府对于民间金融事实上的承认，进而认识到民间金融风暴的真正根源，并为此寻找正确的解决之道。

民间金融为什么会长期存在，而且"野火烧不尽，春风吹又生"？就在于"两多两难"——民间资金多、投资难，中小企业多、融资难。

据统计，贡献了全国 GDP 近 65% 的民营经济，获得的银行贷款却不到 20%。而中国四大国有商业银行拥有全国 70% 以上的信贷资金，在信贷市场上处于垄断地位。同时，丰富的民间资金又需要寻找利益最大化的投资途径。比如，温州的民间资本初步估计就有 6000 亿元。

民间金融正是这"两多两难"的产物，它实质上是在民间资金的供给和民营企业的需求之间搭起了一座桥梁。

---

① 陈德荣. 温州民间金融不应被妖魔化 [N]. 浙江日报，2012-02-09(15).

　　在很大程度上，温州民间金融之所以火爆，正是温州市场化程度高的表现，而且这种市场化从实业开始扩展到了金融。当年人们提到温州模式，就是针头线脑、皮鞋皮包这样的蝇头小利的生意起家，而现在提到温州模式，人们更多想到的是地下钱庄和民间融资。

　　也就是说，温州的民间金融是温州市场经济不可或缺的一部分，而且因为温州民营经济发达、民间资金充裕、民间金融活跃，从而在民间信贷方面，温州也走在了全国的前面。

　　在金融学者王巍看来，当时流行的所谓"全国救温州"的说法显得荒唐可笑。他认为，温州不需要被救，温州可以自己渡过难关，而且，如果温州能有机会依靠市场的力量来战胜危机，给全国中小企业树立一个模式，那就不是全国救温州，而是温州救中国了。

　　问题的关键是，温州金融是否能够获得更多的市场力量？

　　陈德荣相信，温州的金融风波，固然有温州自身的原因，但这也恰恰反映了中国市场经济体制的改革中还存在着很多的不足，特别是在市场化改革方面，还有很长的一段路要走。

　　这种市场经济体制中的不足，恐怕是温州自身难以突破的障碍。

　　在温州金融风波之际，沿海地区约有3万亿元的银行贷款流入民间借贷市场，当时有人担心由此引爆"中国式次贷危机"。实际上这是一种奢侈的说法。因为美国的次贷危机，通常的看法认为是金融监管制度缺失造成的，或者说这是一个自由得过了头的市场。然而，我们能够说，中国的民间借贷是金融市场"太过自由"的缘故吗？不！它恰恰是金融市场管制太重、垄断太甚的产物。看起来现在的民间借贷有些"疯狂"，问题是，如果那些中小企业能够从银行机构贷款，又何必"舍近求远"、"弃明投暗"？如果一些民间金融机构能够获得合法准生证，纳入一个有效的监管体系，满足社会相关资金需求和投资需求，又何至于有目前这种乱局的生存空间？

　　对此，中央已经看得很清楚。温家宝考察温州后说："现在的问题是，一方面，企业，特别是小型、微型企业需要大量资金，而银行又不能满足，民间又存有不少的资金。我们应该引导、允许民间资本进入金融领域，使其规范化、公开化，既鼓励发展，又加强监管。"

就此而言，温州金融风波未必不是一件好事，因为它实际上将民间金融体制外的原生状态和问题根源都暴露无遗，并且坚定了中央因势利导推进市场化改革的决心和勇气。

2012 年 3 月 28 日，国务院批准设立温州金融综合改革试验区，确定了温州市金融综合改革、规范发展民间融资、加快发展新型金融组织、发展专业资产管理机构等十二项主要任务。

温州金融综合改革试验区落脚点是温州，然而着眼的却是全国。因为温州民间信贷危机，不只是温州的问题。之后，国务院和有关金融监管部门推出了一系列金融改革政策的"金融新政"，其中允许设立民营银行为一项重大突破。

2014 年 3 月，国务院批准了 5 个民营银行的试点方案，其中温州资本占 4成。2014 年 7 月，银监会正式批准三家民营银行的筹建申请，温州资本占了两家。

不过，金融改革显然任重道远。由于没有放开利率市场化，就很难打破中国银行业的国有垄断，也很难将大量游资吸引到规范的金融秩序中来。而这也是温州金融改革成效并不尽如人意的原因。

只有在一个充分市场化的金融环境中，所谓"非法集资"才不再是民营企业家的原罪，企业家精神也才有生根发芽的土壤和充分涌流的源泉。

6

慈善无家

谁是中国最有名的慈善家？相信很多人在第一时间想到的都是——陈光标。

的确，频频曝光而又充满争议的陈光标，以他特立独行的慈善方式，为自己赢得了毁誉参半的名声。

陈光标就是典型的中国式慈善家。

严格地说，中国式慈善只有慈善而没有"家"。真正的慈善家应该是慈善精神和企业家精神的结合体，慈善家的"家"代表的是企业家，即将企业家精神融入慈善事业的那个人。

当中国式企业家缺乏了企业家精神，中国式慈善也就缺了那个"家"。

一、争议陈光标

陈光标为国人熟知，是在 2008 年"5·12"汶川大地震发生后。

他当时带领 120 名操作手和 60 台大型机械组成的救援队千里救灾，救回 131 个生命，其中他亲自抱、背、抬出 200 多人，救活 14 人，还向地震灾区捐赠款物过亿元。时任国务院总理温家宝称赞他是"有良知、有灵魂、有道德、有感情、心系灾区的企业家"，并向他表示致敬。

陈光标的慈善家形象由此深入人心。信息时代的传播规律，决定了很多社会热点总是走马灯灯走马，来得快去得也快，但是陈光标却是一个不老的传说。他总是能以出人意料的方式，成为媒体和众人关注的焦点。

他的方式就是高调的慈善。

陈光标的高调慈善，方式之一就是派发现金。

2010 年 1 月 24 日，在中国工商银行江苏分行会议厅里，陈光标用一面人民币堆砌起来的墙再次吸引了人们的注意，这面墙由 10 万元捆为一块的 330 块"墙砖"组成，这面墙加上一些支票共 4316 万元，这些钱由全国 513 名企业家和爱心人士共同捐赠，他们准备向西部贫困地区发放红包。

2012 年 12 月 21 日下午，陈光标在微博上称"拿出 2.3 亿元奖励海内外青少年发明创新"，在微博图片中，他置身高 1.6 米、长近 17 米、重量约 1.5 吨、每 10 万元扎成一捆垒成的超亿元现金中。

2013 年 6 月 15 日，陈光标肩挑两捆百元钞票参加李琳公益慈善基金会在北京饭店举办的慈善晚会，并当场捐款，以支持青年创业。

陈光标的高调慈善，踩准了新闻事件和舆论热点的节奏。

2011 年 3 月，日本大地震发生后，陈光标前往福岛救灾，派发救灾物资，并从废墟中救出了一位日本老妇。

2011 年 7 月，当体操运动员张尚武流落街头成为媒体焦点，陈光标聘请张尚武担任"公益慈善部副部长"兼"公益爱心形象大使"，月薪过万元。

2011年11月22日，在民众对房价攀升的怨声载道中，陈光标在微博称，为响应国家控制商品房价政策的号召，他欲按购置时的价位再九折的价格出售在北京、上海、广州、深圳等地投资的商务办公楼、门面房和住宅，共计约2万平方米，引来数万名网友报名。

2012年8月31日，中日钓鱼岛之争成为舆论热点，陈光标在美国《纽约时报》上登出半版广告，"郑重向美国政府、美国人民声明，钓鱼岛自古以来就是中国的领土"。同年10月10日，陈光标在南京举行以旧车换新车仪式，对因钓鱼岛争端被砸的日系私家车以旧换新。

陈光标的高调慈善，时刻不忘宣扬他所崇尚的环保理念。

2011年9月22日是"中国城市无车日"，陈光标在公司内砸掉奔驰车，新购自行车发给员工，率百名员工骑自行车上班。

2012年8月11日，陈光标不但举起锤子砸电动车，而且透露，自己将在北上广设立流动专卖店，售卖新鲜空气，每瓶售价4~5元，以罐装新鲜空气拯救北京雾霾。

2013年1月12日，陈光标和钢琴家郎朗在南京捐赠了5000辆环保自行车，倡导"多骑车少开车，绿色出行从我做起"的低碳环保理念。

2013年1月25日，陈光标亲自上阵，带领公司40位员工去酒店吃别人的剩饭剩菜，后来他还在其官方微博称，要改名陈光盘，以号召大家节约粮食。

陈光标的高调慈善，淋漓尽致地发挥了他的表演性人格。

2011年9月25日，陈光标在贵州毕节政府广场举办了主题为"一路慈善一路歌"的慈善演唱会，并现场向观众派发3000头的猪和羊，捐赠的100台农用拖拉机则由当地政府统一分配。

2012年3月，陈光标变身娱乐明星，零出场费加盟《中国星跳跃》，据称全为公益和向观众传达挑战自我的理念。

2013年3月1日晚，陈光标在江苏黄埔资源公司模仿周恩来总理的讲话，称这次模仿是为了缅怀周恩来总理，并自称是总理的粉丝。

2013 年 2 月 1 日至 2 日，民间春晚在北京录制，陈光标头戴假发亮相现场，连唱三首歌，还在现场变魔术玩杂耍，叼自行车。

陈光标的高调慈善，引来了暴力慈善的质疑。

2011 年 3 月 11 日，"中国首善"陈光标以个人名义通过中国慈善总会向云南盈江地震灾区两个寨子的民众发放每人 200 元救灾款，共捐献 20 万元人民币。不过，他在派钱后与村民举钱合影的照片在网上引发争议，被定义为"暴力慈善"。

之后，陈光标还前往台湾，据称在 9 个县市发放 1.1 亿元人民币的"感恩红包"，因为途中有弱势人士跪求红包，引发轩然大波。当然，最轰动的还是 2014 年 6 月，陈光标斥资 17.5 万美元在《纽约时报》刊登整版广告，称要请 1000 名美国穷人及流浪者吃一顿丰餐，并在餐后为每人发放 300 美元现金。在这次慈善之行中，陈光标也因为身陷"联合国颁发世界首善荣誉"的骗局，而沦为网络笑柄。

南都公益基金会理事长徐永光在接受媒体采访时，对此直言不讳："如果以丧失受赠人的尊严来获得自己的某种满足，这是一种慈善的暴力行为。"

一边是铺天盖地的荣誉称号——陈光标获得"中国红十字勋章"，陈光标先生囊括了"中华慈善奖"、"中国光彩事业奖章"、"中华慈善事业突出贡献奖"、"中华慈善人物"、"全国十大慈善家"、"中国首善"等国家级慈善奖项，被称实现了慈善事业国家级奖项的"大满贯"；然而，另一边却是铺天盖地的争议，关于高调，也关于暴力。

二、高调的自由，"暴力"的基础

怎样评价陈光标？不如先看看陈光标如何评价自己。

陈光标坦承："我不认为我在作秀，就算是作秀，我也是在用真金白银在作秀。社会需要这样的行为，来影响带动更多的人去做善事。"他还表示，"我做事就是不怕骂，越骂我越高调。我陈光标就是要挑个头，高调宣传慈善行为。"

的确，陈光标太高调了。但是高调有错吗？

质疑陈光标高调的理由之一，是陈光标站在道德制高点上，形成了某种道德绑架和道德压迫，破坏了慈善自由。

是的，慈善是一桩自由的事业。也就是说，一个人，无论他是亿万富豪，还是平民百姓，做不做慈善，捐不捐钱，都完全应基于自己的良心驱使和自由选择，不受外力强迫。这也正是慈善"第三次分配"的含义，它与一个国家的"第二次分配"，即在强制力基础上用公共财政保障平等公共服务和基本人权有所不同。

然而，高调的陈光标，其实也不过是慈善自由的一部分。因为他有选择高调行善，以及宣扬慈善道德的自由。当陈光标说"富人的所得有国家、社会、他人的贡献"，不过在陈述一个事实，这个事实和一个富人或企业家，在遵纪守法前提下，按照最大化利润原则赚钱，就是"对国家、社会和他人的贡献"，是一个硬币的正反面，两者并行不悖。

至于宣扬"在巨富中死去是一种耻辱"，不过是他个人的慈善理念和道德口号。按他自己的说法，他是企图通过这样的道德说教和身体力行的慈善行为，来耳濡目染更多的人，但这不能说是"道德绑架"。因为陈光标只是陈光标自己，他没有掌握公共权力，也没有掌握舆论公器，因此也并没有破坏别人的慈善自由。别人相不相信，行不行动，主动权还是掌握在自己手里。没有人能剥夺他们的这种自由权利。

有人对陈光标的高调行善不屑，认为他把行善当做一桩生意，是在沽名钓誉，是在榨取"慈善红利"。这种"生意说"也没有什么批判力，而且恰恰是另一种形式的道德指责。

陈光标从不回避他对于名誉的追求，他就是要雁过留声，好事留名，认为这样更能推动慈善文化生成。同时，他也并不讳言，自己捐得越多，赚得越多，事业越大，甚至希望企业借此上市，更多的股民慕名来买股票，这最多不过是市场经济中合法的炒作和营销手段。

对暴力慈善的质疑似乎更加有力一些，因为这样的质疑，在于"尊严"二字，认为这种捐赠犹如暴发户炫耀的施舍，涉嫌侮辱受助人的人格和尊严。

其实追究起来，这种高调慈善涉及的，恐怕并非"尊严"的有无问题，而是尊严的多少问题。炫耀式慈善的批评者坚持的，正是一种理想主义的尊严。这样一种尊严当然是美好的，也是慈善应该追求的价值理念，只是在现实主义的环境里可能需要大打折扣。

从受助者的角度来说，他们本人未必会认同有关尊严受到伤害的说法。捐助与被捐助，本来就是一种双方的自由选择。受害者之所以愿意接受这样的捐助，说明他们并没有因此尊严受损——至少接受捐助比在贫困无助的情况下更有尊严。事实上，作为尊严的主体，也只有他们本人才对尊严高低心知肚明，旁观者在围观中指手画脚未必妥当。那么，如果说受助者的尊严，没有达到众所期望的那种理想主义的尊严的高度，需要追问的也应该是，到底是什么样的现实，导致了他们愿意接受这种尊严的次优选择，而不是将矛头对准捐助者的高调慈善。

也就是说，要理想主义的尊严，还是要现实主义的尊严，并非一个非此即彼的选择，而是一个由此到彼的过程，即怎样从现实主义的尊严走向理想主义的尊严。

从捐助者的角度来说，这种高调行善作为个人选择，即使有追求某种回报的动机，也是无可厚非的。这种回报，可以是利，可以是名，也可以是心理上的自我满足感。陈光标的种种秀，大约也是希望得到这样的满足感。

学者秦晖对此有云："高调再高,苟能律己,慎勿律人,高亦无害。低调再低,不逾底线,若能持守,低又何妨。"这也应该是评价陈光标的标准。

何况，陈光标对暴力慈善有自己更加理直气壮的解释："如果说敲锣打鼓发红包、秀人民币墙这都是暴力，那慈善则真的需要一种暴力。"他称当前中国慈善事业的大发展必须要用"暴力慈善"去推动。

因此，更值得追问的是，为什么会有陈光标？为什么高调慈善和暴力慈善能在这里大行其道？

不得不说，慈善在我国还是一种相当稀缺的社会资源，陈光标现象反映的是一种稀缺的存在。在这样的现实里，陈光标甚至是宝贵的。

按照《2013胡润财富报告》，目前全国每1300人中就有1人是千万富豪，每2万人中就有1人是亿万富豪。目前全球最富有的1500个人当中，有410人来自美国，350人来自中国大陆及港澳台地区。尤其引起关注的是，中国超越美国成为全球资本市场创造10亿富豪最多的国家，富豪数量达到212人，而美国是211人。

毋庸讳言，与富豪群体的快速扩展、财产的快速增长比较，富豪们在慈善事业上的整体表现则相形见绌。

早些年的一份统计显示，中华慈善总会所获捐赠中，来自国内富豪们的不到15%。国内工商注册的企业超过1000万家，但有过捐赠记录的不超过10万家，即99%企业从来没有参与捐赠。[①]

中外的对比更能说明问题。十多年来，美国富豪的慈善捐赠总额超过2000亿美元，其中世界首富比尔·盖茨一人就捐赠466亿美元。"股神"巴菲特把85%以上的个人财富约370亿美元捐给了慈善基金会。

按照美国《慈善纪事》杂志发布的2012年50大慈善家名单，他们当年的捐赠比前一年有所降低，但也达到了74亿美元。

当然，近年以来，中国也有越来越多的富豪投身慈善事业。胡润研究院发布的《2013胡润慈善榜》上榜门槛是1100万元，100位上榜慈善家平均捐款额为5597万元，较去年大幅下降了45%。世纪金源62岁的黄如论，以5.8亿元的捐赠额成为2013年度中国"首善"。

陈光标的脱颖而出，在于他是中国富豪中能够积极投身慈善的佼佼者和先行者。

所谓存在即合理，高调有高调的理由，暴力有暴力的基础。从市场的逻辑来解读，在这样一个慈善稀缺的环境里，"沽名钓誉"的陈光标可以通过树立自己的道德形象，来获取巨大的"慈善红利"。只有越来越多的慈善者进入这个市场，展开自由竞争，其中的"慈善红利"才能得以摊薄。高调和暴力才能逐渐失去市场。

正如陈光标所说，我就要高调做善事，假如你不服你来做，你来跟我争"中国首善"这个名称。

既然能够容忍很多亿万富豪九牛一毛甚至一毛不拔的慈善自由，为什么不能容下陈光标高调行善的自由呢？

陈光标慈善的问题，不在于慈善的高调，也不在于慈善的暴力，而在于他的慈善事业中缺乏企业家精神。

---

① 谢秋，魏和平.调查显示：中国99%的企业从来没有参与过捐赠 [N].中国青年报，2008-04-07.

三、两个比尔·盖茨

在 2010 年 8 月，两位世界顶级富翁沃伦·巴菲特与比尔·盖茨宣布，已成功劝说40 名美国亿万富翁公开承诺捐赠自己至少一半的财富。一个月后，二人来到中国，邀请 50 余名中国富人参加了一场"慈善晚宴"，其中包括黄埔投资集团董事长陈光标。

在这个月的 5 日，陈光标见贤思齐，在其公司网站上刊出一封致比尔·盖茨和巴菲特的一封信，表示"在我离开这个世界的时候，将向慈善机构捐出自己的全部财产"。

企业家与慈善家，这是比尔·盖茨的两个身份。陈光标将自己的财富带进了慈善，而比尔·盖茨则将企业家精神带入了自己的慈善事业，这是比尔·盖茨与陈光标的最大不同。

没有人能够否认，比尔·盖茨是这个世界上最伟大的企业家之一。

这个哈佛大学的辍学生白手起家创办了微软公司，并进而改变了世界，成为全球最大的电脑软件提供商。在《福布斯》2013 年美国富豪榜上，比尔·盖茨在连续 19 年蝉联首富之后，再次以 720 亿美元资产稳居全球首富宝座。其好友沃伦·巴菲特则以 585 亿美元位居美国富豪榜第二位。

然而，比尔·盖茨的追求不只在于财富，更在于财富的使用。

早在 2000 年，比尔·盖茨就将微软 CEO 职务交给了好友鲍尔默，组建了以他和妻子梅琳达·盖茨命名的基金会，全身心投入到慈善公益事业当中。他后来在遗嘱中宣布拿出 98%（当时的 580 亿美元）个人财产给基金会，用于研究艾滋病和疟疾的疫苗，并为世界贫穷国家提供援助。

2008 年 6 月，比尔·盖茨正式退休，宣布离开微软，全职担任"比尔和梅林达基金会"的联席主席。比尔·盖茨实现从企业家到慈善家的完美转身。

2006 年 6 月 26 日，在一座因慈善捐赠兴建的图书馆——美国纽约公共图书馆内，全球第二大富豪沃伦·巴菲特，将一份310亿美元的财产赠与许诺书交给身旁的全球首富比尔·盖茨的妻子梅琳达，此举意味着巴菲特的310亿美元已归至比尔及梅琳达·盖茨基金会名下。巴菲特的捐赠，让盖茨基金会如虎添翼。

作为当今世界个人财富值增长最快、最注重效率的两大富豪，比尔·盖茨和沃伦·巴菲特不仅规定了自己的大笔慈善资金的使用方向，甚至还为善款的使用确定了日程表——巴菲特在自己的遗嘱中规定，在本人去世的10年以内，其慈善基金必须全部花光。

比尔·盖茨本来给自己规定的这一年限为50年，但当与巴菲特就慈善事业进行深入交流并合作后，也受到巴菲特的影响，他将这一年限缩短了一半，为25年。

巴菲特之所以将亿万身家交给比尔·盖茨，因为他相信后者是伟大的慈善家。而比尔·盖茨之所以是伟大的慈善家，是因为他将伟大的企业家精神融入了慈善事业。

两个比尔·盖茨其实是相通的，企业家精神本身就包含了慈善的因子。

在马克斯·韦伯看来，资本主义的企业家精神诞生于新教伦理。这种精神追求财富，不是为了现世享用，而是为了荣耀上帝，尽守天职。那么追求的财富用来干什么？慈善就是最后的归宿。

本杰明·富兰克林被誉为"资本主义精神最完美的代表"。他是位伟大的发明家，发明了避雷针。不过，他的慈善探索比他的科技发明更值得被铭记。他推崇富人用财富做慈善，进而用知识服务大众。他的口号是"促进人类幸福"、"提高普遍的知识水平"。

早在100年前，"钢铁大王"卡耐基秉持财富取之社会、用之社会的理念，被认为是西方现代慈善事业的开拓者，他那句名言"一个人在巨富中死去是一种耻辱"树立了一个标杆。

在19世纪末的那场经济大萧条中，富豪圣·施特劳斯给整整140万人发放了肉票、饭票，使他们免于死亡。后来他还积极投身儿童的消毒牛奶慈善事业，拯救了40多万儿童的生命。他在遗嘱中说："如果你在健康的时候，进行慈善捐赠，那么是金子；如果你在病痛中进行慈善捐赠，那是银子；而在死亡时捐赠，那是铅。"

作为商业巨子的比尔·盖茨，曾经打出旗号"让每一个人的桌上都有一台电脑"，如今，慈善家比尔·盖茨的信念是："人人拥有平等的生命价值"。

这也不难理解，为什么如今坐拥 100 多亿美元个人资产的 Facebook 创始人扎克伯格，既是《福布斯》评选出的世界上最年轻的亿万富翁，同时也是最积极从事慈善事业的美国富豪之一；同时也不难理解，为什么已经过世的苹果老总乔布斯积累了巨额财富，却吝于捐赠，会被冠以"全美最不仁慈的企业家。"

当然，企业家具有慈善精神，但并不一定要成为慈善家，全身心地投入慈善；但真正的慈善家却天然就是企业家。慈善事业需要企业家精神。

有中国网友曾经将比尔·盖茨与雷锋相提并论，认为这个资本主义社会的亿万富翁简直就是当今最大的"活雷锋"。"盖茨精神"与"雷锋精神"是一脉相承的，但"盖茨精神"在某种程度上涵盖了"雷锋精神"。

什么是"盖茨精神"？"盖茨精神"，其实就是"企业家精神"和"慈善精神"的双重叠加。企业家的创新和冒险精神，成为推动经济发展和社会进步的重要源泉，同时比尔·盖茨在市场经济中合法地追求最大化利润，积累了巨额财富，成就了比尔·盖茨行善济世的基础。没有财富的基础，所谓慈善就是无源之水，无本之木。

更重要的是，盖茨将这种企业家精神用于其开展的慈善事业中，能够吸引更多的慈善资源，从而让慈善就像他的企业一样越做越大，达到前所未有的高度。与此同时，企业家精神让每一分钱都花在刀刃上，实现财富的最大化价值，创造最多的社会效益。

中国的企业家似乎还没有找到通往慈善家的道路。的确，改革开放三十多年把一些人变成了企业家，然而却未能同时把这些企业家变成慈善家。很多中国企业家甚至对慈善家这一身份产生天然的排斥。

比如，企业家鲁冠球就表示，企业家的主要职能是对企业进行决策、指挥、控制，求得企业的发展。企业家不是慈善家，因为他不搞施舍。企业家创造了利润，为国家上缴税收，安排劳动力就业，帮助共同富裕，这就是最大的善事。

太平洋建设集团创始人严介和甚至放出狂言，称民营企业家搞慈善，90%都是骗子。他表示，把企业做得更大、更好、更优，解决更多人的就业，尽最大的可能善待自己的员工，向国家交更多的税，这就是企业家的社会责任，是企业家的慈善。

这些言论中有两种偏见，一是认为企业家从事慈善，与市场理念格格不入，可谓不务正业；二则认为企业家僭越了部分国家职能，可谓越俎代庖。比如，比尔·盖茨在西方就受到批评说，超级富豪决定他们的捐款如何使用，凌驾于国家之上，这与一个民主法制的国家的理念背道而驰。

在政府税收对国民收入的"第二次分配"和慈善事业的"第三次分配"之间，这样的担忧不能说杞人忧天，但是这种担忧拿来批评中国慈善事业，却言过其实。因为当美国的慈善事业已经发展到和政府公共责任分庭抗礼的地位不同，中国的慈善事业还弱不禁风，企业家更远远没有形成自己的慈善力量。

不得不承认，中国式企业家，缺乏足够的慈善精神；中国的慈善，也缺少企业家精神的引领。

缺乏企业家精神的中国慈善，难觅真正的中国慈善家。

四、活雷锋的局限

2012 年 3 月 5 日是学雷锋纪念日，4 日，陈光标专门拍了一组身穿军大衣、头戴绿军帽、手持冲锋枪的照片，表示要传承一种雷锋精神。

的确，陈光标就是一个活雷锋，只是因为他身家亿万，而成为一个能量更大的活雷锋。

但不是每个活雷锋都有陈光标的亿万身家。"雷锋精神"往往形成一种道德压迫，即沦为对"穷人帮穷人"以及"损己利人"行为的一种提倡，而且似乎越穷困的人助人为乐，就越能体现"雷锋精神"。比如，报端就不断涌现 8 旬老人用捡破烂的钱资助数十名学子之类的新闻。

这种"雷锋精神"当然令人肃然起敬，但也令人伤怀。因为做好人好事的"雷锋"本人，也恰恰是需要帮助的人。从经济学角度来说，穷人的边际效用高，一分钱恨不得掰成两分钱用，让他们去做慈善，一者能力有限，二者损害本人福利，社会总福利未必见得增加，即使增加也有限；而富人的边际效用低，一掷千金也许不过九牛一毛，他们帮穷人，一者能量大，二者也无损自身福利，却可以大大提高社会总福利。

陈光标有一句名言常常挂在嘴上：财产如水。如果你有一杯水，你可以单独享受；如果你有一桶水，能够寄存家中；但如果你有一条河，就要学会与别人分享。他也用自己的行动来证明和践行了这种活雷锋精神。

但是，富人仅仅做活雷锋也是远远不够的；尤其是企业家仅仅做活雷锋，更是远远不够的。因为活雷锋本质上就是个体慈善，远远满足不了社会对于慈善资源的巨大需求。

活雷锋的局限，就在于它虽然能够通过道德说教和身体力行，起到某种示范和榜样作用，但是它没有建立某种机制来最大程度地凝聚并释放社会的慈善资源。

就算是富人，如果满足于做个活雷锋，也有山穷水尽、力不从心的那一天。陈光标的公司有段时间曾经陷入现金流的危机，按照他自己的说法是：已经快四个月没接到一单业务了。因为他的社会活动太多，70%的时间都在"做慈善"。

他所谓的"做慈善"，正是基于个体力量基础上的活雷锋的翻版。陈光标的慈善基本上由他个人主导，慈善捐赠基本是亲自出马。慈善项目四处出击，计划性少而随意性多。虽然陈光标也在访谈中提到过"公司基金会"，但是查不到任何这个基金会的资料，即便有，它也是公司里辅助陈光标做慈善的一个团队。

说到底，陈光标的企业家精神，只是停留于把企业做强做大，有更多的财富拿来做慈善，但是并没有被真正发挥到他的慈善事业中，即把慈善事业做强做大。我们看到的是行善者陈光标，但不是慈善家陈光标。

缺乏企业家精神——这就是中国慈善事业最大的现状与局限。一个最直接的后果，就是慈善资源总是显得那么杯水车薪。

中国民政部发布的《2012年度中国慈善捐助报告》显示，2012年捐赠总额较

2011 年相比下降 3.31%，我国年度捐赠总额连续第二年下降。全国接收国内外社会各界的款物捐赠总额约 817 亿元，占我国 GDP 的 0.16%，人均捐款 60.4 元。

报告数据显示，在各捐赠主体中，企业捐赠仍为主要力量。2012 年来自各类企业的捐赠 474.38 亿元，贡献约 58% 的捐赠。其中，民营企业捐赠 275.06 亿元，占 57.98%。自 2007 年有全国性的捐赠统计以来，民营企业的捐赠数额一直都占据企业捐赠总量的一半以上。

与 2011 年相比，中国的经济发展水平正加速向美国靠近，但是两国捐赠总量的差距却依旧悬殊。2012 年美国接收社会捐款约为 3162 亿美元，占国内生产总值的 2.0%。中国 GDP 约为美国的 1/2，但是美国的慈善捐赠总量却是中国的近 24 倍。

为什么美国慈善捐赠那么多？难道是因为美国的富人多？或者是美国的富人捐得多吗？

答案却并非如此。以 2007 年为例，当年美国慈善捐款总额创下历史新高，达到 3060 亿美元。这是美国年度慈善捐助首次超过 3000 亿美元，2290 亿美元来自个人捐助，其中一半来自收入水平居美国前 10% 的家庭。各类基金会共捐助 385 亿美元，居第二位。接下来分别是遗产捐赠和企业捐赠。

在很大程度上，普通大众才是美国慈善事业的捐赠主体。在大多数年份，大约 2/3 的美国人会参与各种形式的慈善捐助。曾有统计数字显示，年收入低于 1 万美元的美国家庭，捐款额占到其年收入的 5.2%；而年收入在 10 万美元以上的家庭，捐款额为 2.2%。

也就是说，穷人其实比富人更为慷慨。再换句话说，就是"众人拾柴火焰高，涓涓细流汇聚成海"。而普通人不用成为大公无私的"活雷锋"，也一样可以做慈善。

目前美国慈善机构手中，之所以掌握着占 GDP 近 10% 的财富，因为美国是世界上慈善捐款最兴盛和按人口比例志愿者最多的国家。怪不得美国《时代》杂志曾如此描述：在每一位比尔·盖茨的身边，都站立着数以百万计的普通美国人。

问题在于：为什么这么多美国人愿意这样慷慨大方？或者说，是什么精神和机制激励他们的慈善心肠？答案是企业家领导了慈善事业。

一般认为，美国现代慈善事业始于 20 世纪初。1911 年，美国钢铁大王卡内基创立了"纽约卡内基基金会"，奠定了现代慈善事业的基础。在 1919 年去世前，卡内基累计捐款 3.3 亿美元，而他所创立的"卡内基基金会"至今仍在造福世人。

商业化运作的慈善基金会，正是卡内基对于慈善事业的开创性之举和最伟大贡献。

在卡内基看来，"赚钱需要多大本领，花钱也需要多大本领"。他不大主张把财富零零碎碎地分给普通百姓，而是通过设立基金会，以企业化的方式管理。这种方式不仅使"卡内基基金会"得以历经 100 多年历史而屹立不倒，而且奠定了美国现代慈善组织的基本模式。

之后，各类慈善基金会和慈善组织，在美国如雨后春笋发展起来。据不完全统计，美国现有大小慈善机构约 140 万个，慈善组织经常被称为与政府、企业并立的三大社会支柱之一。

反观我国共有慈善基金会 1800 余家，其中有权向公众募捐的公募基金会 991 家。而公募基金会绝大多数是由政府各部门创办，具有浓厚的行政色彩。民间慈善团体多采取挂靠官方主导的公募基金会的形式来开展公募运作。

作为世界上最大的私人基金会，盖茨基金会以资本运作见长，基金会建立伊始，就全面引入商业化运作模式。基金会设有理事会、职业经理人，理事会下设有 CEO，整个基金会由四个部门组成，分别是全球卫生项目组、全球发展项目组、美国项目组以及运作领导组。

粗看盖茨基金会和一家公司没啥区别，只不过它的"业务"不是为了营利，而是两个：第一，吸收更多的慈善资金以及增值已有的慈善基金；第二，运作慈善项目，且慈善项目有范围有计划。

当巴菲特宣布把自己高达 310 亿美元的财产捐赠给盖茨基金会时，有杂志评论："如果你是世界第二号富人，那么，在这个星球上，看护你辛苦挣来的 310 亿美元财产的唯一的理想人选，莫过于那位事实证明比你还会挣钱的人。" 用巴菲特自己的话来说，就是"他比我花钱更有效率"。

这就是企业家精神在慈善事业中的体现。一方面，企业家精神才能凝聚最大化的慈善资源；另一方面，企业家精神才能将好钢用在刀刃上，让慈善资源救助最多的人，发挥最大的效用。

五、高效诚可贵，透明价更高

几年前，每逢岁末年初，有关陈光标过去一年的慈善成绩单都会对外公布。2011 年初，一篇题为《一路慈善一路歌》的文章在各大主流网站和报纸媒体刊发，全文六千余字，记载了陈光标 2010 年的慈善轨迹和部分对外捐款数额明细。

然而这个慈善成绩单很快受到质疑。某媒体刊发了《中国'首善'陈光标之谜》一文，称陈光标高调的慈善背后"暗藏玄机"，其承诺所捐项目"多有水分"，而作为其事业之本的江苏黄埔目前也已"陷入经营困境"。[1]

陈光标被舆论推上风口浪尖。他感到非常委屈，对此事的回应为"人在做，天在看"，并且向所有指责他的人发问："我在做什么？指责我的朋友，你又在做什么？"陈光标表示媒体的报道是一种伤害，"对中国慈善事业是重大打击"，"出来一个打压一个，哪个还敢做慈善？"

媒体也显得理直气壮，回应称："慈善事业必须做到真实、实在。诚信有瑕疵，善的根基就不稳固。"当事记者则称："公众人物理应接受监督，任何慈善都应禁得起拷问。的确，阳光是慈善最好的防腐剂，真金白银的慈善需要在阳光下暴晒，而且也不怕在阳光下暴晒。"

关键在于，暴晒的过程也需要"程序正义"，即遵循一套慈善的信息披露机制。问题在于，这里缺乏的恰恰是一套完整规范、公开透明的慈善的信息披露机制。这是活雷锋版的个人慈善天生的缺陷，是陈光标受到媒体质疑的软肋所在。

企业家精神之于慈善，固然在于"高效"两字。简而言之，就是高效地筹钱，高效地花钱，从而具有巨大的能量。然而，高效的前提又在于"透明"。没有"透明"，"高效"就成了空中楼阁，巨大的能量就成了无源之水。

---

[1] 叶文添，方辉. 中国"首善"陈光标之谜［N］. 中国经营报，2011-04-23.

如果打开盖茨基金会的网站，可以找到由会计事务所毕马威审计的财务报表和年度活动报告。收入包括投资了哪些债券，获益多少，免税多少等；支出包括各项慈善项目的花费、行政管理费用、纳税。可以说，来的每一分钱和去的每一分钱都有据可查。

而反观陈光标的慈善支出，主要依靠他自己的介绍和媒体报道、以及公司网站上登出的部分单据。由此就出现了表述前后不一，报道互相矛盾，金额无据可查的问题。登出的单据由于没有审计，也被人指出"捐给了不同的省份，但是最后收款收据签字人的笔迹都是类似的"之类的问题。当然这并不能说明捐赠真的就名不副实，而是缺乏精细化运作，在财务上难免混乱。

没有透明，就没有慈善事业中的企业家精神，就没有真正的慈善家。正是因为缺乏这样的慈善机制，陈光标本人和慈善事业都饱受质疑、深受其害。

同时，建立透明的慈善机制，也离不开企业家精神。没有企业家精神，就没有慈善机制的透明。

福耀玻璃工业集团股份有限公司董事长曹德旺，是很有追求的慈善家。2010年4月20日，63岁的他让儿子在中央电视台的玉树赈灾晚会上，高高举起"曹德旺曹晖1亿元"的牌子，创造了中国慈善史上个人捐款数额新纪录。紧接着，他不断打破这个纪录：向西南五省旱灾地区捐赠2亿元，用于帮助受灾群众；向福州市捐赠4亿元，用于修建图书馆；向老家福清市捐赠3亿元，用于公益事业……在所有的捐赠中，向西南五省旱灾地区的捐赠最惹人注目，而惹人注目的并非捐赠了2亿元，而是此次捐赠程序宣称的"高效"、"透明"。

在这次捐赠中，曹德旺与中国扶贫基金会达成了一份"苛刻"的合作协议：要在半年内将善款发放到近10万农户手中，且差错率不超过1%，管理费不超过善款的3%——远低于"行规"的10%。中国扶贫基金会负责善款的下发和项目执行，曹德旺负责组织监督委员会和新闻媒体，对项目的执行过程和资金用途进行全程监督。如果在抽样检查中，未收到善款的农户数量比率超过1%，曹德旺可要求中国扶贫基金会赔偿同等数额未发放的善款；如果在2010年11月30日后，还有捐赠款没有发放到户，这些善款将由曹德旺全部收回，同时通过媒体予以曝光等。

这笔"史上最苛刻捐款"最终顺利收工，并在社会上引起极大反响，备受舆论好评。然而，这笔"史上最苛刻捐款"是不是真的做到了它所宣称的高效和透明呢？

其中一个焦点就是："不超过3%的管理费"，是否能将行政成本排除在外？

按执行方的说法，这个"3%"主要是指基金会发生的费用。但整个慈善行动，参与者除了基金会抽调的70名工作人员以及从高校征集的500多名志愿者，还包括西南五省各级政府部门和扶贫办近万人。如果把这些人力、物力折算为成本，将远超3%的管理费比例。曹德旺并不认同这笔账的算法。在他看来，既然扶贫办是"国家发工资"，那么做这些事情就是理所当然，他称："我连谢谢都不用讲"。

曹德旺作为捐赠者，当然希望项目费用越低越好。他不用管慈善项目是否还包括其他行政成本，只要他捐的那笔钱能最大化地达到灾民之手，发挥最大化的社会效用。但如果要真正衡量慈善机制是否高效，则不得不考虑其间接费用和隐性成本。

"3%"也许是高效的，但只是一种不透明的高效。它之所以能够实现，实乃建立在一种"大政府"的慈善体制之下。其重要特征就在于：慈善基金会的官方色彩，以及各级政府中相关机构的大量存在。这种"大政府"的慈善体制，有着计划体制的流风遗韵，它意味着慈善事业和扶贫工作都是有关部门的重要职责。但这样的职责不是免费午餐。比如，此次云南寻甸县获善款1455万元，分配经费是36000元，但实际上当地有关部门实际发生费用在60万元左右。

在这种体制之下，慈善项目的直接管理费越低，并不一定意味着慈善机制效率越高。因为我们不知道慈善项目到底耗费了多少其他的行政成本和社会成本。的确，有关部门和大量人员既然存在，就应该履职尽责，但是有没有想过，这些机构和人员本来可以不必大量存在，而纳税人也可以不必出这笔钱？

隐性成本的存在，让"史上最苛刻捐款"的高效大打折扣，也让其透明程度大打折扣。这是依附于现行慈善机制的必然结果。

公众和舆论之所以对"史上最苛刻捐款"寄予厚望，就在于那不可思议的

1%和3%似乎构成了"对现行捐款体制的挑战"。但是，这个"奇迹"恰恰又是在现行捐款体制之下实现的。

事实上，没有现行体制的帮忙，要在3%的成本约束下，把这2亿元善款准确无误地送到最该送到的近10万贫困农户手上，几乎是一个不可能完成的任务。中国扶贫基金会做到了，因为它可以借助近水楼台的行政系统——各省、市扶贫办动用数以千计的乡村干部参与项目的执行工作。从某种意义上，"史上最苛刻捐款"是不可复制的。

中国扶贫基金会之所以接下这笔捐款，据说"就是想让大家知道，中国的公益基金是值得信赖的"，从而"吸引更多的人更大胆地捐款"。显然这与人们期望的"挑战现行捐款机制"也相距甚远。

1%重要么？当然重要，因为慈善就是要雪中送炭，而不能锦上添花；3%重要么？当然也重要，因为每一分慈善捐款都应尽量用到刀刃上。然而这样的数据本身，并非慈善事业的核心价值所在。很简单，在美国，很多慈善基金会的管理费用远超3%，甚至超过我国法定上限的10%，能不能说完成"史上最苛刻捐款"的机制应该成为它们的标杆呢？慈善事业的最终价值和最大价值，并不在于追求那苛刻的1%和3%，而在于有良好的机制让社会慈善资源充分涌流，并且尽可能最大化地流向正确的和最应该去的地方。

这样的慈善机制，至少包括两个方面：一是公开透明的善款利用机制；二是慈善机构的有效竞争机制。

慈善事业需要从"大政府"的襁褓中走出来。在一个更开放的社会中，慈善的源泉才会充分涌流，也不会耗费更多行政成本。慈善的透明，也能在更完善的监管和充分的竞争中实现真正的高效。

这就需要企业家成为慈善家，用企业家精神引领慈善事业的发展。事实上，在"史上最苛刻捐款"中，曹德旺只是捐赠者和某种意义上的监督者，他的企业家精神并没有派上什么用场，高效与透明仍然是一个问题。

六、中国为何缺少比尔·盖茨

"中国缺少比尔·盖茨"这个命题，至少包括三层含义。第一层含义是说，中国企业家中，缺少像比尔·盖茨这样的创新型企业家；第二层含义是说，中国企业家中，缺少像比尔·盖茨这样大方慷慨的捐赠者；第三层含义则是说，中国企业家中，缺少像比尔·盖茨这样积极投身慈善事业的慈善家。

与慈善事业相关的，当然是后两个含义。一个顺理成章的追问就是：中国为什么缺少比尔·盖茨？另一个等价的问题是：美国为什么不缺少比尔·盖茨？回答前面一个问题，就是要回答后面一个问题。

答案一是，美国有根深蒂固的慈善文化。按照基督教教义，认为富人天生就是"罪恶之人"，要想进入天堂只能将全部财富都捐赠出去。

钢铁巨头安德鲁·卡内基如是说，"在巨富中死去是一种耻辱"。他还在其《财富的原则》一书中阐述了这种财富观，称"我给儿子留下了万能的美元，无异于给他留下了一个诅咒"。

100多年后，美国股神巴菲特也表示："我从来不相信王朝世袭式的财富。"

在这种理念的熏陶下，美国的慈善文化得以蔚然成风。中国固然缺失这样的宗教文化，但是中国的传统文化中并不缺少济困扶危、古道热肠的慈善文化。

答案二是，美国有鼓励从善的税收制度。

美国政府从1913年开始征收个人所得税，仅仅4年后，美国国会就通过法案，规定捐款或实物捐赠可用来抵税，所得税可抵税部分最高达15%，借此鼓励民众捐赠行善。1935年，美国政府提高个人所得税和企业税，但同时允许公司用捐款抵税。目前，美国个人所得税的可抵税比例维持在50%，企业的这一比例则为10%。与此同时，美国还有高额累进制的遗产税和赠予税。双管齐下的正反激励，促使很多美国富翁以捐款给慈善组织的方式，逃避纳税，同时尽量保障其子女后代的利益。因此，美国人以及美国公司捐款行善，并非简单的利他主义，而是利人利己之举。慈善减免税收的制度，也被认为是美国慈善事业发展的催化剂。

中国的慈善环境，却一直缺少这种良性的激励机制，慈善家很难通过现实中的慈善机制来获得应有的回报。这种情况下，高调行善可以看作他们寻求回报的一种方式。

关于中国是否征收遗产税向来为舆论所关注，其中的一个焦点，就在于征收遗产税，将促进更多的富豪积极投身慈善，推动中国慈善事业的发展。但是反对者，更在意政府权力的一种扩张。一个不能忽视的事实是，中国财政的蛋糕越来越大，而中国的税负相对其他一些国家也一直处于较高的水平。在财政收入远远超过 GDP 增速和国民收入增速的情况下，开征遗产税意味着对财政收入的继续开源，也意味着政府权力的继续扩张。

更重要的是，中国缺少盖茨，不只因为遗产税。美国富翁热衷于捐款，除了逃避遗产税的"剥夺"，更重要的原因在于慈善制度的完善。

因此，答案三就在于美国有着发达的慈善组织，众多的慈善基金以及高效透明的慈善机制。

在美国，注册一个慈善团体非常容易，只需要向所在的州提出要求。如果它想要从公众那里筹款，则需要在它希望筹款的每个州登记注册。基金会的成立、免税、运营等，除了要接受政府监管，也要接受其他非政府组织的评估。比如具有很大影响力的民间非营利机构美国慈善信息局，制定了衡量基金会好坏的 9 条标准，每年 4 次公布对全国几百家基金会的测评结果，公众往往根据它的公报，决定给哪个基金会捐款。

这样的慈善制度，让慈善资金能够得到更有效率地利用，也让富豪和企业家们的慈善行为有更加自由的发挥空间，企业家精神因此成为慈善事业的主宰。而中国缺乏这样的制度土壤。

最显著的特点就是，慈善组织少，而且很多还处于非法状态。据媒体报道，在中国至少有 300 万个无法登记的社会组织。这意味着，相比于已登记注册的 45 万个"合法组织"，近九成民间组织处于"非法状态"。

这种壁垒森严的"准入制"，至少体现在三个方面。首先，那些拿不到"准生证"的社会组织，意味着它们不能充分发挥应有的社会功能；其次，这种"准入制"打击了社会自我组织、自我管理的热情，它没有催生更多的社会组织，反而是在消灭更多的社会组织；第三，这种"准入制"，将更多的社会组织拒之门外，"门"内的合法社会组织缺乏有效竞争，从而效率低下。比如，红十字会这两年就面临信任危机，导致社会慈善资源缩水。

在很大程度上，不是中国企业家不愿意成为慈善家，为慈善事业贡献自己的企业家精神，而是不得其门而入。

2009 年 10 月 20 日，企业家陈发树在北京宣布设立新华都慈善基金会，并将其个人持有的价值 83 亿元人民币的有价证券捐赠给基金会，将自己闯荡商业江湖二十余载的收获捐出 45%投身慈善事业，该基金会主要侧重于教育领域和关注弱势群体；2010 年下半年，企业家曹德旺股捐 40 多亿人民币成立的"河仁慈善基金会"也获得了国家的批复，基金会不直接花钱，而是将资金下拨给各个慈善机构执行；2011 年企业家宗庆后尝试探索成立"宗庆后慈善基金会"，推进他一直以来坚持的"造血"而非"输血"式公益慈善进程……这些基金会的成立，无疑体现了中国企业家的济世情怀，但是却没有充分体现中国企业家在慈善事业中的聪明才智。

因为中国的慈善事业，没有为企业家精神的施展提供长袖善舞的平台。一则，企业家可能并不参与善款的使用过程；二则，这些基金会并没有吸纳更多慈善资源的资格。根据我国法律，基金会分为公募和非公募两种，前者可面向公众募捐，往往具有官方背景。而非公募基金会则无权向公众募捐。

最典型的案例是著名的壹基金。壹基金作为私募基金，长期以来只能选择挂靠在有公募资格的中国红十字会名下，做公募基金会的子项目，借助中国红十字会的名义向社会公开募捐。它不是独立的法人，没有自己的独立账户和公章。因为"挂靠"身份，对于募来的善款，壹基金没有独立的使用权，但是需要先向中国红十字会总会申请，项目计划通过评估后，才可以使用基金会中的善款，壹基金诸多慈善项目的开展都存在层层困难。身份不明一度成为壹基金最大的问题。

直到 2010 年 12 月 3 日，深圳壹基金公益基金会在深圳市民政局支持下正式注册成立，此举标志着壹基金成为具备独立的法人资格、公募资格的基金会。

这可以说是中国慈善事业发展过程中具有里程碑意义的标志性事件。其实，它最大的意义就在于为企业家精神提供了一个载体。它的理事会由 11 人组成，包括王石、柳传志、马云等企业家成为主体。

这样的基金会有两个鲜明特征，一在于慈善组织身份的民间性，二在于运作方式的市场化，即通过市场机制来保证慈善资金的持续来源及其使用的最大化效率。

中国扶贫基金会秘书长王行痛陈："官僚化的管理体制是造成一些公募基金会公信力缺失的主要原因。因为行政化，所以垄断；因为垄断，所以也就不在乎舆论监督，也就缺乏公开透明的动力。慈善基金会的"去行政化"势在必行。这种"去行政化"，就是对慈善组织的"开放"与"放开"。一方面包括既有慈善机构的行政剥离与独立，另一方面则需要降低慈善组织门槛，催生更多的真正社会性的慈善组织。"

在这样的制度土壤中，企业家精神才可能在慈善事业中生根发芽、开花结果。

而更多企业家成为真正的慈善家，正是我国市场经济走向成熟的一个标志。实际上，慈善并非外生于市场经济，而是市场经济的有机组成部分。或者可以说，慈善发达的市场经济，才是成熟的市场经济。毕竟，贫富分化严重的市场经济是不可持续的，这是慈善作为"第三次分配"的经济学意义。

当企业家精神一方面在市场中促进经济发展和财富增长，一方面又在慈善中促进贫富均衡和社会公平，社会的发展才真正为每个人的自由发展创造更多的条件。这又是慈善作为"第三次分配"的社会学意义。

7

政治边缘

2013 年 6 月，联想控股董事会主席柳传志在小范围座谈时说："从现在起我们要在商言商，以后的聚会我们只讲商业不谈政治。"

此言论在一个名为"正和岛"（他自己也是成员）的企业家社交网站上引发了一场轩然大波。企业家、"岛民"王瑛提出抗议，并宣布"退岛"。

柳传志"在商言商"的观点，随后流传到"岛外"，被称为新版"莫谈国事"，引发激烈讨论。

这样一场讨论来得正是时候。在新的时代背景下，中国的企业家们需要重新审视自身的社会角色，并且重新思考政治和经济的关系。

处于政治边缘的企业家精神，需要一个更完整的定义。它不可能没有政治的因子。

一、"在商言商"之辩

正和岛，被外界称为"企业家 Facebook（社交网络）"，是由原《中国企业家》杂志社社长刘东华创办的中国第一家专注企业家人群的网络社交与资讯服务的平台。为保证"每个来的人都是对的"，正和岛采取严格的实名制、会员制、收费制、邀请制。

在这样一个"岛上"，可谓大牌云集。柳传志、张瑞敏、鲁冠球、王石、宁高宁、马蔚华、马云、王健林、郭广昌、李书福、俞敏洪、曹国伟等企业领袖，都是正和岛的"岛民"。

2013 年 6 月 16 日，正和岛公司总裁兼总编辑黄丽陆在社区贴出了一篇短文。文中介绍，几天前，柳传志召集正和岛十来家公司座谈讨论"抱团跨境投资"时，表达了两个核心观点："一是强调经济走势的不确定性，从国内看如此，从欧美看也一样；二是企业家的态度，最重要的是聚焦、专注。"

什么是聚焦、专注呢？柳传志说，从现在起我们要在商言商，以后的聚会我们只讲商业不谈政治，在当前的政经环境下做好商业是我们的本分。

其实，柳传志的这番话并不新鲜，他曾经多次表达过类似的观点。

2012 年柳传志在接受《财经》专访时就说：中国企业家是很软弱的阶层，不太可能成为改革的中坚力量……面对政府部门的不当行为，企业家没有勇气，也没有能力与政府抗衡，只能尽量减少损失。我们只想把企业做好，能够做多少事做多少事，没有"以天下为己任"的精神。

2013 年 5 月柳传志接受央视专访，再次阐述："我只能服从环境，我从来没有想过说坚决要给环境动个手术什么的，我没有这雄心壮志。大的环境改造不了，你就努力去改造小环境，小环境还改造不了，你就好好去适应环境，等待改造的机会。我是一个改革派，之所以到今天还算成功，是因为我不在改革中做牺牲品，改革不了赶快脱险。"

在某种程度上，这算是柳传志的经验之谈，或者说肺腑之言。作为中国最负盛名的"企业家教父"，这样的经验之谈或肺腑之言，很快受到正和岛上活跃着的中小企业主们的膜拜。有人称之为"柳老的大智慧"，有人表示"感谢老爷子的提醒，谨记老爷子的教诲！"

但是，也正因为柳传志所具有的巨大影响力，导致"岛民"王瑛产生不满。她提出抗议："我不属于不谈政治的企业家，也不相信中国企业家跪下就可以活下去。我的态度在社会上是公开的。为了不牵连正和岛，我正式宣布退出正和岛。"

王瑛是正和岛的第一批用户，是每天都会发帖交流的活跃"岛民"。在王瑛看来，中国企业家在大是大非面前，无论是作为阶层，还是个人，其底线不是不说话，而是不说柳传志先生这种话。她尤其不能认同柳传志"以其影响力说这种话"，因为这是"在群体性政治恐惧的传播和蔓延上推波助澜"。

王瑛在另一篇名为《我的"退岛"声明》的长文里写道，"我们希望国家好，正和岛好，每一个岛民安全、顺利、成功，绝不仅仅是独善其身、畏忌自保，也要有一副肩膀、一份担当"。

王瑛的这篇两千多字的文章，从正和岛上传到了岛外，并且在《金融时报》中文版网页上公开发表，并由此引发了舆论对"企业家该不该谈政治"的辩论。

支持王瑛的声音主要集中在民间舆论场中。他们相信，无视中国市场里那只看得见的权力之手，埋头高喊"在商言商"，与其说是恪守本分，不如说是自欺欺人。

更为激烈的声音相信，就算犬儒不是一种罪恶，犬儒也是罪恶的温床。"在商言商"由此被贴上了一种犬儒主义的标签。

在企业家群体中，王石是"在商言商"言论为数不多的反对者。他从自己对薄熙来的认识和反思谈起，称企业家应该认识到，在当前环境下企业家已经不能避免引火烧身，沉默是躲不过去的。该说的时候，一定要发出自己的声音。

王瑛的好友、企业家王功权尽管支持王瑛的观点，但他也同时对柳传志给予了同情之理解："柳总是一个比较温和的人，更多地考虑的是社会各个方面的反应。他希望整个社会是和谐的，他希望大家更加关注自己的专业，把自己的企业做好。他从一个企业领袖的角度，从一个兄长的角度看问题。可能他主要想表达的就是这个意思。"

柳传志"在商言商"的观点，在企业家以及经济学家群体中，得到了更多的支持和辩护。这些支持和辩护的主要理由来自两个方面。一是从社会分工的角度，支持者认为谈不谈政治是个人权利而非义务，企业家的首要责任是做好企业，多创造就业和税收，以自己有别于政治家和舆论领袖的方式报效社会；二是从现实主义的角度来讲，支持者认为在当下的转型社会中，不谈政治，其实是情非得已的自我保护。

在王瑛宣布退岛之后，正和岛公司董事长刘东华就在岛上发言称：我相信柳传志是有大智慧、大担当的，我也知道有使命感和责任感的人们在这个社会上是有分工的。

万通控股董事长冯仑也认为，企业家对法治、秩序、理性有天然的支持。但更多时候，企业家不应该跳出来说话，因为他们管理着很多社会受托资产，"你的资源不是私人资源，所以你要守好第一责任，扮好第一角色。我们的第一角色是企业法人，第一责任是看护、管理好这些受托资产"。

冯仑表示，社会给企业家这么大的压力和期待，但企业家不是公共知识分子。他进而提出，企业家要坚守"三性"原则：第一叫批评性，不是批判，而是将善意的批判称作批评；第二是建设性，不破坏；第三叫专业性，每个企业家都有自己的专业领域，要恪守企业家身份。

康恩贝集团董事长胡季强在 2013 年第 6 期正和岛《决策参考》上的一段评论也很具有代表性："企业家就是企业家，不是思想家、政治家、社会活动家，更不是教授、学者。企业家作为公民，可以参与社会，有自己的政治倾向；可以参与大环境改善，但好比滴墨入海，其影响有限。企业家身后是一个企业，有那么多员工跟着你，责任重大，所以最重要的是做好企业家角色，多为产业发展营造良好环境，多为企业改善小环境，把自己的企业做强做大。"

财经作家苏小和撰文指出柳传志"不谈政治"的具体语境，表示"真正的企业家，他唯一的使命，只能是让消费者满意"。而"泛道德化的批评"则"贻笑大方"。

这里的"具体语境"，其实就是指企业家面临的社会现实和制度约束。柳传志的"在商言商"，由此被理解为一种充满智慧的现实主义策略。

媒体人段钢对柳传志有着这样一段评价："我所认识的柳传志，目光远大，勇于担当。不轻言许诺，但言出必践。他的责任感表现在，绝不推卸应该承担的责任，也不会承担无法承担的责任。在他最困难的时候也没有只想着自己的利益，或者说只考虑联想的利益。他是一个现实主义者，解决问题注重操作性。"

经济学家周其仁对柳传志也有相似的评价："他不是没有是非观念的人，不是对当下热议问题没看法，一个没有看法的人怎么会这么有主见？但是他怎么去表达，怎么去实现这个看法，要谨慎的选择。这不是犬儒主义，因为企业家身上还背负着一些其他人没有的重要职责。"在周其仁看来，当一个人要同时承担两个以上的角色，就要用心考虑中间的平衡，柳传志的言论意味着他在内心作出了某种权衡。

还有一种力挺柳传志的声音，则直接用政治语言批判"对方辩友"。比如，《环球时报》的评论，就称对柳传志的批评，是舆论在逼企业家"政治化"。除了一些人对企业家"责任感"的肤浅理解，这还表现了另一部分人"拉阵营"的心理，是他们开展"政治斗争"的姿态。这样发展下去可真有点像"搞运动"了，对这样的"被迫站队"，有些年纪的中国人都很熟悉云云。

然而，不管是反对"在商言商"，还是支持"在商言商"，辩论双方都没有回答的一个问题是：现实中是否有真正的"在商言商"？

王功权曾经在微博上发表了"我理解的所谓企业家'在商言商'"：其一，不加入执政党政治组织；其二，不与特权合谋；其三，不作为人大代表履行参政、议政职责；其四，不勾结、贿赂政府公共权力；其五，不为规避政治压力而让企业作出业务牺牲。

如果以此观点为标准就不难发现，所谓"在商言商"，在现实的中国，恐怕就是一个很难存在的命题。

二、从政言商，近政言商

事实上，在越来越多的企业家尤其是民营企业家进入政治谱系的情况下，再谈"在商言商"已经显得有些不合时宜。所谓"开弓没有回头箭"，企业家已经在这条道上越走越远了。

中国企业家进入政治视野有三条路径。一是加入工商联，二是成为政协委员和人大代表，三是拥有政党实职。

工商联在中国算是一个半政治化的机构，被视为连接私营部门和政府间的桥梁。截至 2010 年年底，工商联已经拥有 271 万民营企业成员。2001 年，尹明善、徐冠巨、张芝庭相继当选为重庆、浙江、贵州三地工商联会长。这是中国省级工商联自成立以来，首次由改革开放后诞生的私营企业家担任工商联"掌门人"。参照党政干部管理类别，这个职务算是省（厅）级干部级别。

当然，工商联毕竟是桥梁，担任各级人大代表、政协委员才是私营企业主参与政治的主战场。全国工商联第八次全国私营企业抽样调查发现，51.1%的大陆民营企业主担任了这两类各级职务。

企业家刘永好早在 1998 年就成为全国政协常委会委员；2002 年重庆力帆集团董事长尹明善成为中国首位担任省政协副主席的中国企业家；2003 年 1 月，徐冠巨获选浙江省政协副主席，并因为其民营企业家身份而被称为"徐冠巨现象"。[①]

《中国经济周刊》下属机构的一项调查显示，截至 2013 年 2 月 28 日，在 2987 名全国人大代表、2267 名全国政协委员中，有 156 名 A 股上市公司的老总与会，其中，有人大代表 111 位，政协委员 45 名。

按照 2 月 27 日 A 股的市值计算，这 156 位代表、委员所在的 155 家公司，总市值达到 63983.19 亿元，占两市总市值的 22.6%。

而在中国企业家能获得的政治头衔中，党代表含金量最高。作为地方集体企

---

① 甘小虎. 传化"向党靠拢"的生意经［N］. 青年时报，2010-06-28（A04）.

业发展的代表，海尔的张瑞敏与春兰集团的陶建幸，被吸纳到党的中央体制内。陶建幸早在 1997 年就当选十五届中央委员会候补委员，并在 2002 年当选十六届中央委员会候补委员。而张瑞敏则连续当选十六、十七、十八届中央委员会候补委员。

当然，张瑞敏和陶建幸都不是民营企业家。

2001 年 7 月 1 日，时任中共中央总书记江泽民在建党 80 周年大会上发表讲话，第一次把民营企业主定位为"有中国特色的社会主义事业建设者"，承认了他们劳动者的身份，要求在政治上应一视同仁，平等对待。

随后 2002 年党的十六大很快做出回应，把党章中党员发展对象里"其他革命分子"修改为"其他社会阶层的先进分子"。民营企业家在中共中央的政治舞台由此徐徐拉开帷幕。

当年，有 7 名民营企业家选入中央党代会代表。2007 年党的十七大，企业家当选代表人数增至 17 人。而党的十八大中又变为 27 人。

而民营企业家中，最著名的党代表是三一重工的董事长梁稳根。在党的十八大期间盛传他将成为民营企业家进入中央委员会中的第一人，但结果并没有成为现实。梁稳根在后来接受采访时表示，希望更多的民营企业能进入中央委员会，可以把声音带到核心层去。

企业家成为政协委员、人大代表，也就相当于从政了，这个时候再说"在商言商"，就显得有些言不由衷。就拿柳传志来说，他本身就是中共十六大、十七大代表，第九届、十届、十一届全国人大代表。

因此，与其说他们是在商言商，不如说他们是从政言商。问题的关键是，为什么要从政言商？又是怎样的从政言商？

从社会分层来说，随着民营经济的崛起，民营企业家阶层一定会提出相应的政治要求，并实现一定的政治参与，以表达其阶层意识和合法权益，寻求社会承认。这是历史发展的必然，无可厚非。

在 2008 年"两会"期间，玖龙纸业公司老总、女富豪张茵作为全国政协委员，因为提出了三个被认为"只代表她所处的利益集团"的提案，而处在了舆论的风口浪尖。批评者认为，她作为全国政协委员应该"有兼善天下的情怀"，"先天下之忧而忧、后天下之乐而乐"；而肯定者则认为，她为所在阶层的利益代言无可厚非，"两会"本来就是各个阶层利益博弈的平台，不同的利益诉求公开表达、平等协商，正是民主政治的应有之义。

显然，后者更接近现代民主政治的真义。张茵提出代表其阶层利益的提案本身，正是在行使一名政协委员参政议政的职责。实际上，也只有每个代表、委员真正代表了各阶层的利益和呼声，并通过"两会"民主政治的平台和机制，进行汇总、磋商，甚至争论和博弈，最终才能形成代表最大多数人的公共利益，并转化为实现最大化公共福利的公共政策。

这应该是企业家"从政"的应有之义。不过，很多企业家从政并非为阶层利益代言，更遑论为公共利益代言，而是为捞取政治资本，并转化为个人的经济资源。

浙江省委党校的董明教授将民营企业家参与政治分作了四种类型，其中功利型的经济性政治参与者是最多的。即民营企业家从政，可以帮助企业获得更多的资源，有助于企业做大做强。

这等于从政言商。

而企业家参与政治的另一种方式，是亲近政治，与政治发生暧昧的关系。也就是与政府和官员结成庇护与被庇护的关系，且必须经营这个关系网，以赢得经济与政治的双重确定性。

这等于近政言商。

如果一个企业家只是为自己的私人利益代言，就不需要从政，只要到市场经济中参与竞争就可以了。但是一个企业家从政之后，就需要尽到一定的政治责任，不能再大谈什么"在商言商"。

在很多企业家本身就在政治体制之中，或者企业家自己就是政治参与者的情况下，还要大谈"在商言商"，其实就是一方面推卸自己的政治义务，而另一方面却可能在尽量捞取"从政言商"、"近政言商"的好处。

2012 年 9 月，大连万达集团董事长王健林在哈佛大学演讲谈到政商关系，称这个问题"比在哈佛读博士后还要困难"，他说了八个字：亲近政府，远离政治。

在商言商，在政言政，最好两个不要掺和。

但不要忘记，他曾经是中共十七大代表，第十一届全国政协常委，第十一届全国工商联副主席。

事实上，王健林放弃的是政治的责任，但是对能够带来经济利益的另一种政治则倾注了饱满的热情。

据媒体报道，2008 年，万达集团将总部从大连搬至北京，位于大连市中心的万达大厦大部分楼层卖给当地企业，只保留了两层，就包括 13 楼的万达集团党建基地。整层楼面积有 1300 多平方米，陈列万达集团过去 20 多年的历史，尤其是各种党政建设成果，包括数百张集团党员培训时的照片，以及王健林和国家领导人的合影。

按照其他楼层卖出去的价格来算，这层楼大概价值近 4000 万元。价值这么多钱的一层楼只是陈列了各种照片和政府发放的奖状，王健林对政治资源的重视，可见一斑。

在靠近北京的河北廊坊，万达集团总部投资 7 亿元成立了专门的万达学院，占地面积 300 亩，每年培训党员和员工 80 万人次，培训内容包括政府政策解读等方面。这种手笔全国没有第二家。①

了解政策，紧紧跟随党的步伐，搞好政商关系，被认为是万达发展的基础，当然也是王健林能够成功晋升"中国首富"的基础。

被王健林成功超越的前任中国首富、娃哈哈集团有限公司董事长宗庆后，也体现了和王健林一样的"政治智慧"。

"企业家是弱势群体，管不了天下。"宗庆后认为，企业家应该懂政治而不能参与政治，有些企业家想联合起来，争取自己的话语权，"我想这会导致政府的不满"。②

注意，宗庆后也是第十届和第十一届全国人大代表。

① 黄旻旻，等. 王健林的政商丛林 [J]. 博客天下，2013(12).
② 张枭翔. 宗庆后的政治观：企业家是弱势群体 管不了天下 [J]. 中国慈善家，2013(7).

三、商不言政，政亦言商

当然，柳传志的"在商言商"，未必是一种机会主义，而很有可能是基于保护主义的一种次优选择——如他所说的那样：我既然改造了不了大环境，就努力改造小环境，要是还改造不了，就老老实实地适应环境，等待改造的机会。

远离政治，是为了保护自己。"留得青山在，不怕没柴烧。"

问题是政治能够说告别就告别吗？正如有人所说，你不关心政治，政治也会关心你。现代社会就是一个政治社会，政治生活无处不在。

在软银亚洲信息基础投资基金首席执行官阎焱看来，怎么可能不去谈论政治呢？在中国这样的国家里，你的生意，甚至一切都是与政治制度有关的。除非你去当一个土拨鼠，把头放在泥巴里。

阎焱认为，中国对于创业者来讲，是一个创业成本最高的地方。而这里的创业成本，可能包括牢狱之灾，乃至包括生命。

据不完全统计，近十多年来至少有上百名有影响的民营企业家落马。其中担任过全国人大代表、全国政协委员职务的至少有 15 人。福布斯或胡润百富榜上富豪至少有 23 人。曾获全国劳动模范、全国五一劳动奖章、优秀民营企业家、三八红旗手、风云人物、杰出青年等荣誉，身家过亿或者号称身家过亿的富豪过百人。

当然，这些企业家可能是罪有应得。但不得不说，当财富榜成为"杀猪榜"，背后一定有体制性根源。个人的罪恶之花，可能生根发芽于制度性的土壤。

一些企业家之所以从政，正是出于获取政治庇护的考虑，他们觉得财富只有被政府认同，才能获得安全保障；而一些企业家谈论远离政治，也是希望能够通过这种方式，来逃离政治的伤害。

但是事情并没有这么简单。因为政治无处不在。于是，不能告别政治，就只好告别这个国家。

《中国国际移民报告 (2012)》显示，中国正在经历第三次大规模的"海外移民潮"。报告称：个人资产超过 1 亿元的超高净值企业主中，有 27% 已移民，47% 正在考虑移民；个人资产超过 1000 万元的高净值人群中，近 60% 已完成投资移民或有相关考虑。这份报告，在一定程度上反映了富人或者民营企业家们强烈的移民意向。

有外媒报道称，中国富人的境外资产达 6580 亿美元。波士顿咨询集团的估值约 4500 亿美元，相比之下这一数据虽然较为保守，但报告指出未来三年中国境外投资将会翻一番。贝恩咨询公司的一项研究表明，在身价超 1600 万美元的中国超级富豪中，半数人拥有海外投资。

营商环境和安全感欠缺显然是民营企业家移民的一个重要原因。

对于那些坐拥巨额财富的企业家尤其是民营企业家来说，财富越多，不安全感也就越强烈。

当然，对于家大业大的巨富们来说，移民并不能解决所有的风险，因为中国是一个发展中的巨大市场。置身这样一个巨大市场，在享受财富盛宴的同时，也需要承担如影随形的风险。

马云在 2012 年 7 月接受《彭博商业周刊》采访时，曾谈到他的秘诀："我们要跟政府恋爱，但是不要嫁给他们，永远不跟政府做交易。我想这是因为我相信市场。这些年我知道，如果不与政府合作，他们就会有更多误解，会猜疑，如果我不跟政府合作，就会有大麻烦。"

在政治和市场之间游走，需要高超的平衡技巧。马云无疑是个走钢丝的高手。

所以，马云在另一次采访中非常悲观地表示：中国的企业家确实没有好的下场，事实也是。他的解决办法是：企业家要有敬畏之心。

问题是，到哪里去寻找守护自己的敬畏之心呢？

2013 年 7 月，马云和明星演员赵薇、李连杰一道，专程前往江西芦溪，拜会了一名叫王林的"气功大师"。"大师"据说能空盆来蛇、空杯来酒、凌空题词等。①

---

① 张寒. 隐秘"气功大师"王林的金钱王国 [N]. 新京报，2013-07-22（A14）.

作为一个著名的企业家，青年们的偶像和励志导师，马云为什么要拜倒在怪力乱神的"大师"门下？

马云的解释是："对未知的探索、欣赏和好奇是我的爱好，即便是魔幻术，挑战背后的奥秘也快乐无穷。好奇心让人受益。人类很容易以自己有限的科学知识去自以为是的判断世界。科学不是真理，科学是用来证明真理的。过度的沉溺信仰和迷失信仰都是迷信。"

对"未知"的探索，是个很漂亮的借口；"让人受益"，却是一个很拗口的理由。所谓的"益处"，其实就是到神秘主义去寻找一种现实中找不到的安全感。

当企业家的命运可能随时终结于市场规则之外的因素，这给企业家群体带来的不安全感是可想而知的。神秘主义被当做这种不安全感的解药，但它其实是一剂迷幻药。

同样的，"在商言商"也不能带给企业家安全保障，和马云的"大师情结"一样，与其说这是一种现实主义，不如说这是一种逃避主义。

四、从现实到理想

在另一个层面，柳传志的"在商言商"与其说是一种现实主义，不如说是一种理想主义。

在一种理想的社会状态下，可以让政治的归政治，经济的归经济，企业家只需要把自己的"一亩三分地"耕种好。他不去关心政治，政治也不会来"关心"他。

企业家不去关心政治，是因为政治已经日臻完善，并不需要企业家去过多关心；政治也不会来"关心"企业家，是因为政治不敢随随便便来"关心"他。

但是必须指出，即便如此，关心政治仍然是企业家的一种权利。企业家没有关心政治，不是说企业家不可以或者不能关心政治，而只是说他暂时搁置了自己的这项权利。只要他愿意，他可以随时随地行使这项权利。

只有在这样一种社会状态下，我们才有条件和资格说"在商言商"。但对于目前的中国来说，这真的还只是一种理想。

理想状态的"在商言商"很容易给人一种错觉，即政治和经济似乎是可以分开的，并且可以推演为一种中国的现实主义选择。

一方面，中国改革开放后的经济发展轨迹，似乎已经为此提供了有力的佐证。因为在政治体制改革落后于经济改革步伐的前提下，中国经济取得了连续数十年的高速增长，中国企业家也受益于这样一个进程。

另一方面，中国的改革开放还可以沿着同一种模式持续下去，即相信经济发展会成为推动社会全面进步的决定性力量，只要有充分的经济自由，一定会实现越来越多的政治自由。这其实是经济基础决定上层建筑的一种翻版。

很多经济学家相信经济自由和政治自由的这样一种关系，可能是受到自由主义学派的著名经济学家弗里德曼的影响。

弗里德曼在《资本主义与自由》中认为，经济自由是公民和政治自由的一个必要条件，但他又同时认为，政治自由尽管为人们所企求，却不是经济和公民自由的一个必要条件。他的理由是：找不到任何例证来表明，人类社会中曾经存在着大量政治自由而又没有使用类似自由市场的东西来组织它的大部分的经济活动；但是历史上明显地存在着基本上是资本主义的经济安排而同时又没有自由的政治安排的可能性。

如弗里德曼所说，他的局限在于：我们生活于一个基本上自由的社会里，我们倾向于忘掉像政治自由这样的东西在世界上的存在。

在这样一个政治自由的社会，政治自由本身不需要再强调；但是恰恰因为政治自由，经济自由反而容易受到伤害，所以弗里德曼要不厌其烦地强调经济自由。

不过，后来弗里德曼也对自己的偏见进行了深刻反思，承认《资本主义与自由》一书的重大缺点是对政治自由的作用存在着不恰当的叙述。他澄清：在某种情况下，政治自由会促进经济和公民自由，而在另一些情况下，它会约束经济和公民自由。

弗里德曼的反思也适用于把"在商言商"作为一种现实主义策略的反思。因为从现实主义的"在商言商"出发，不可能抵达理想主义的"在商言商"。

从历史来说，任何一个国家的政治进步，都绝不仅仅是经济发展自动推动的结果。恰恰相反，经济发展倒需要政治进步来保障。

比如，做生意成为每个人的权利，而不是一些人的特权，就是一个政治问题，而不只是经济问题。西方国家在 1850 年之前，做企业曾经是一种特权，每成立一个企业都要得到政府的特许甚至专门立法。但是在 1850 年之后，做企业变成一种权利，这是民众特别是企业家们抗争的结果。

政治如果没有相应的进步，往往对经济自由造成伤害。比如，现在企业家最大的不安全感，来自政府的权力没有受到有效的约束，这也成为制约中国企业家精神的最严重因素和负面力量。把权力真正关进制度笼子，是当下中国最根本的政治命题。

一些西方国家的企业家，看起来只需要"在商言商"，而我们暂时还不行。为了实现这样一种理想主义状态，中国企业家需要的现实主义态度，就不能是"在商言商"。

问题是：从现实到理想的道路上，企业家应该扮演什么样的社会角色，担当什么样的历史责任？

这是一个很严肃的问题。当中国的民营经济已经超过 GDP 总量的半壁江山，占到税收和投资的 60%，更重要的是占就业的 85%，他们的身份却一直稀里糊涂——企业家需要回答：我到底是谁？

没错，企业家是商人，但是企业家首先是公民，其次企业家还是比一般公民拥有更多经济资源和社会资源的公民。这就是"公民企业家"。

学者徐贲有一个说法：政治是每个人的副业，即政治虽是少部分的人的职业，但是对于每个公民来说，都应该是一个副业，是每个现代公民应担当的基本职责。对企业家来说，更是如此。

企业家对于政治进步所保障的经济权利，有着天然的需求，也对推动政治进步，有着更多的优势。因为企业家阶层天然是偏好稳定的，天然是理性的。

中国企业家亚布力论坛创始人、终身理事王维嘉就认为，今天的企业家应当成为理性推动中国进步，避免激烈动荡，降低转型成本的重要力量。在他看来，今天中国最需要的是逐步建立起一套各利益群体共同认可并遵守的理性博弈机制。

这不仅是通往现代国家的必由之路，也是执政党内的共识。企业家如果无所作为，不仅放弃了自己的利益，也没有承担起应负的推动社会进步的责任。企业家应该具有推动社会进步的主体意识，即自己对这个世界负起责任来，而不是去祈求救世主的出现。

柳传志后来也表示，商人，在中国应该有重要的地位。企业家还是很希望得到社会的认可，特别是党和政府的承认，并用法律的形式来保证和完成。

但这种政治诉求，恐怕是"在商言商"不能完成的任务。

在某种程度上，"在商言商"暗含了一种"搭便车"的心理。即寄望于其他社会阶层去推动政治进步，而我赚我的钱好了。这不是真正的企业家精神，这是在逃避企业家的责任。

完整的企业家精神，包含比商业成功更高的追求。这种追求是推动社会的公平、正义和进步。就此而言，对自由、民主、法治等价值观的追求，也是企业家精神必不可少的价值内涵。

8

商魂归来

2013 年 9 月，62 岁的万科董事长王石赴美国波士顿与师友话别，结束了其在哈佛大学两年的学习生涯，10 月即转赴英国剑桥大学开始新的游学。在完成世界 7 大洲最高峰和南北极的"7 加 2"攀登探险之旅后，王石开始了他对企业家精神的领悟和探索之旅。

王石深刻地认识到，企业家精神正是当下中国所稀缺的——中国的改革就是一个最需要企业家精神的课题。企业家们不仅仅为社会提供就业与财富，企业家精神更是社会进步的动力。

企业家需要输出正能量，为"社会资本存款"。

这可能是一个历史转折点——无论是中国经济转型，还是中国社会转型，企业家都需要肩负更大的责任，付出更多的努力，具备更多的道德勇气。

问题是，中国企业家准备好了吗？

一、企业家改变了中国？

改革开放 30 多年以后，中国市场经济走过了上半场。它的名字叫"中国奇迹"。

连续多年两位数的 GDP 增长，中国迅速从世界上最贫穷的国家之一，跻身为全球第二大经济体，甚至还有不少预言称中国将在 2020 年前超越美国。

按照中国人喜欢排座次、论功行赏的习惯，很多人在问：谁创造了"中国奇迹"？

经济学家周其仁在回顾改革开放 30 年时，认为邓小平做的最伟大的事情之一，就是把企业家请回了中国。改革开放前后中国社会阶层构成中唯一的变化，是之前没有企业家这样一个群体，之后出现了这样一个群体，而这个群体一经出现，就不可避免地成为了历史的创造者，成为中国建设市场经济和商业文明的主角。

周其仁说，姑且回避到底是英雄创造历史，还是人民创造历史这样的争论。至少，应该没有人会否认，企业家是我们这个社会学习能力最强、进步最快、最活跃、最有成就感的群体之一，是今天这个时代创造价值最大、承担责任最多的群体之一，更是中国 30 年来经济快速发展、市场持续繁荣、硬实力奇迹般跃升的核心支撑力量。[①]

济学家张维迎也持类似观点，企业家的出现和成长改变了中国。他认为中国过去 30 年的经济奇迹，某种程度上可归功于企业家人才从政府国家和农业部门向工商业活动的重新配置。从农民出身的企业家，到政府官员出身的企业家，再到海外归国工程师出身的企业家，他们在 30 年改革中相继出现，并引领了经济高速成长的主导行业。中国改革开放以来几次大的经济发展，都与企业家群体的成长有关。[②]

---

① 周其仁.邓小平做对了什么［OL］.金融时报中文网，2012 - 02 - 08. http://www.ftchinese.com/story/00104302.

② 岑科.张维迎.企业家改变了中国［J］.新青年·权衡，2006（10）.

特别是中国的民营企业从零开始，如今以 40% 的社会资源，完成了 60% 的 GDP，承担着 80% 的就业，俨然已是这个社会稳定与发展的砝码。

这些当然都是不容否认的事实，而且也能从国际经验中找到佐证——那些发达国家每一个经济腾飞的伟大时代，都伴随着一个层出不穷、风起云涌的企业家群体。

19 世纪末 20 世纪初，美国经济飞跃发展，工业跃居世界首位，与此同时，美国社会涌现了一大批有影响的大企业家，他们在个人聚敛财富的同时，成为美国经济和社会发展的推动力量。比如，铁路业的科尼利厄斯·范德比尔特，石油业的约翰·戴维·洛克菲勒，钢铁业的安德鲁·卡内基，金融业的约翰·皮尔庞特·摩根，以及汽车制造奠基人亨利·福特，等等，这些名字今天听来仍然如雷贯耳。

战后日本的"经济奇迹"，同样有赖于日本现代企业家的崛起。索尼、松下、丰田……一批世界 500 强企业如雨后春笋，而代表它们的是松下幸之助、盛田昭夫、本田宗一郎、稻盛和夫等一大堆星光璀璨的名字。

今天，引领世界经济的美国之所以强大，在于有苹果、微软、亚马逊、谷歌、脸书……一大批新兴的巨无霸企业集群，而乔布斯、比尔·盖茨、贝佐斯、佩奇和布林、扎克伯格……这些企业家才是这些企业的催产士和教父。

中国难道不也是这样吗？中国的经济奇迹里，有海尔、联想、华为、腾讯、百度、阿里巴巴、淘宝……一大批迅速成长的企业，也有张瑞敏、柳传志、任正非、马化腾、李彦宏、马云……一大批各领风骚的企业家。

这似乎在雄辩地证明：企业家改变了中国，企业家创造了"中国奇迹"。

但是，答案可能没有这么简单。

二、中国模式缺了一味药

要回答"中国奇迹"与中国企业家的关系，判断中国企业家在"中国奇迹"中到底扮演了什么角色，需要认清中国经济发展方式的性质。

中国经济发展方式，有人称之为"中国模式"。对于"中国模式"的有无，存在很大争议。但是不得不承认，中国经济奇迹的发生，的确有不同于其他国家经济发展的一些特征。

首先是政府强力介入经济建设，甚至主导了市场化进程，不仅制定游戏规则，甚至亲自下场比赛，张五常称之为地区竞争制度，并盛赞为"历史上最好的制度"；其次是出口导向，以竞争性外汇贬值、非关税保护以及出口退税政策来构建出口竞争力培育体系；再次是投资主导，通过管制各类重要的资源价格，尤其是资金价格与土地价格，在扭曲的价格体系基础上进一步推高储蓄率与投资率，追求最高速度的工业化进程；最后体现在总需求的"三驾马车"中，投资和出口强劲，消费需求却很疲软。

美国《时代》周刊高级编辑、美国著名投资银行高盛公司资深顾问乔舒亚·库珀，将中国经济的发展模式，称之为"北京共识"，指出其具有艰苦努力、主动创新和大胆实验（如设立经济特区），坚决捍卫国家主权和利益（如处理台湾问题）以及循序渐进（如"摸着石头过河"）、积聚能量和具有不对称力量的工具（如积累 4000 亿美元外汇储备）等特点。

在这样一种"中国模式"中，企业家起到的作用可能并不是想象中那么大，而需要大打折扣。

首先，这样一种"中国模式"建立在"一穷二白"的基础上。

改革开放之初的中国太穷，底子太薄，起步之初当然就快。据统计，1978年，全国农民每人年平均从集体分配到的收入仅有 74.67 元，其中两亿农民的年平均收入低于 50 元。还有一个令人震惊的数字：1978 年，全国有 2/3 的农民生活水平不如 50 年代，有 1/3 农民的生活水平不如 30 年代。也就是说，"文革"后留下了百废待兴的烂摊子，也留下了"万类霜天竟自由"的广袤空间。

经济学上有所谓"帕累托改进"的说法，指那种所有人都受益，只是受益多少而基本无人吃亏的过程。反过来说，如果有一种过程是所有人都吃亏，只是吃亏有多少而基本无人受益，那么我们可以说这是一种"负帕累托过程"。很不幸，改革开放之前的相当一段时期，尤其是"文革"就是这样一个过程。

学者秦晖认为，改革开放本质上，就是走出"负帕累托过程"，而实现"帕累托改进"的过程。由此爆发出来的经济高速增长顺理成章，想不高都很难。[①]

其次，这样一种"中国模式"处于中国天时地利人和的红利期。

实际上，过去 30 多年，驱动中国经济增长的根本因素正是制度变革和人口结构变化的红利。制度变革，是指从计划经济体制向市场经济体制的转型，市场配置资源的比重大幅增加，民间创业活动活跃起来，生产要素开始从效率较低的产业向效率较高的产业流动，社会生产效率自然大大提高。

至于人口红利则凸显了中国特色，在计划生育政策之下，总抚养比下降，并带来总人口中人劳动年龄人口占比增加。据 2000 年第五次人口普查数据显示，中国 15~64 岁劳动力人口为 8.8 亿，占总人口的 70.15%。到 2003 年提高到 70.4%，专家预测，在未来的 15 年中，劳动力人口所占比重都在 70% 左右。这是世界上劳动人口的最高比例。

高劳动力比重意味着人口对经济增长的参与率高，并影响总需求"三驾马车"的相对比重。一般来讲，人口红利阶段，消费需求相对较弱，投资需求相对较强，国内需求相对较弱，出口相对较强。储蓄转化为投资，增加了当前的投资需求，而现在的投资将增加未来的资本存量，进而提高经济的供给能力或者说潜在增长率。

这就是人口红利带来的经济增长机制。经济学家蔡昉相信，在改革开放期间，中国人均 GDP 增长率中有 27% 的贡献来自于人口红利。[②]

与此同时，中国大量农村富余劳动力转移到城镇，从闲置或者半闲置状态变为现代制造业和服务业就业，大大提高了全社会的平均劳动生产率，这也是大部分国家没有的现象。过去 20 年，城镇人口占总人口比重以平均每年 1.3 个百分点的速度递增。1995 年的农民工人口为 3000 万，统计局数据显示 2012 年农民工数量达到 2.6 亿。

人口红利和农村富余劳动力向城镇转移同时发生，形成了我国劳动力市场供给多的独特优势，为经济增长尤其是中国成为世界工厂提供了巨大动力。其他国

---

① 秦晖. "中国奇迹"的形成与未来——改革三十年之我见 [J]. 南方周末，2008(2).

② 林俐. 蔡昉：人口红利对 GDP 的贡献或将消失 [J]. 经济观察报，2010-01-16.

家都是先完成城镇化，再出现人口红利。我国人口红利出现在 1990 年初，城镇化率在 35%，在人口红利接近完成的现在，城镇化率也只有 50% 多一点。

最后，这样一种"中国模式"在经济全球化的背景下具有所谓的"后发优势"。

经济学家林毅夫相信，后发展的国家可以从先发达国家那里很快模仿到技术，不用重复先发达国家走过的弯路，如果政府的政策诱导企业在发展的每一个阶段，都充分利用要素禀赋结构所决定的比较优势来选择产业，那么，后发优势就能够充分发挥，要素禀赋结构能够得到快速的提升，产业结构就会以"小步快跑"的方式稳步向发达国家接近。也就是说，中国经济节约了大量的试错成本和学习成本。

按经济学家陈志武的说法，中国经济成就至少包括两个主因：已成熟的工业技术和有利于自由贸易的世界秩序。这种发展条件或说机遇来自于世界，具体讲来自西方，而非源自中国。改革开放的贡献在于让中国加入了起源于中国之外的世界潮流，让中国搭上了全球化的"便车"。后发之所以有"优势"也在于这种"便车"已经存在。30 多年的发展与其说是中国的奇迹，还不如说是世界带来的奇迹。如果靠模仿也能给中国带来奇迹，那恰恰说明西方过去 500 年发展的科学技术和所建立的世界秩序的厉害。①

在经济全球化背景下，"中国模式"体现出来的竞争优势，被秦晖总结为既低自由又低福利的"低人权竞争优势"。其基本特点就是低工资、低保障。另外，还有低地价、低利率、低能源价格的要素市场，以及低生态保护和低环境成本的负外部性，让中国企业和中国经济获得了最快的原始积累。

在这样一种"中国模式"中，中国企业家很难说是经济增长的主要推动力。

是的，改革开放后的制度变革有三次浪潮，包括改革之初推出农村联产承包责任制、20 世纪 90 年代明确建立市场经济体制、20 世纪初加入世贸组织，这三次浪潮都伴随三代中国企业家的成长。但是反过来看，正是这些改革造就了企业家的历史机遇和涌现平台，而不是企业家推动了这些制度改革。中国企业家搭上了历史的"便车"，但是还没有成为推动历史进程的最主要力量。

而且，这样一种"中国模式"，似乎也不需要让企业家成为经济增长的主要推

① 陈志武. 陈志武说中国经济［M］. 山西：山西经济出版社，2010.

动力。

是啊，有"一穷二白"的提升空间，有天时地利的各种红利，有拿来主义的后发优势，粗放式的增长显得水到渠成。当然，对企业家来说，这是一个巨大的平台，充满了赚钱的机遇，但这个平台、这些机遇却很难说是企业家创造的。

于是，在中国模式中如鱼得水的中国企业家，也有了某种中国特色，是为"中国式企业家"。

如果说有中国模式，那么就有中国式企业家。中国式企业家，是中国模式下的"蛋"。

因为缺乏来自企业家的更大动力，中国模式少了一味药；而还没有成为经济增长主要动力的中国式企业家也少了一种精神，那就是企业家精神。

三、商魂失落何处

企业家精神是什么？是不是一个人被称为企业家，就具有企业家精神？

"企业家"这一概念由法国经济学家理查德·坎蒂隆在 18 世纪 30 年代首次提出，即：企业家使经济资源的效率由低转高；企业家精神则是企业家特殊技能（包括精神和技巧）的集合。或者说，企业家精神指企业家组织建立和经营管理企业的综合才能的表述方式，它是一种重要而特殊的无形生产要素。

在社会学家马克斯·韦伯那里，企业家精神来自近代资本主义精神，即合理化、理性化的人格特征，包括勤勉劳动、精于职业、奉行节俭、保守信用、恪守道德、乐于投资、理性从事，等等。

而为众多经济学家所接受的是美籍奥地利经济学家熊彼特的定义。他将新组合的实现称为企业，把实现这种新组合的人们称之为"企业家"——他们是从事"创造性破坏"的创新者。这准确地抓住了企业家概念的核心和要害，突显了企业家精神的实质和特征。

创新需要冒险，冒险是企业家精神的天性。理查德·坎蒂隆和奈特两位经济学家，将企业家精神与风险或不确定性联系在一起。没有甘冒风险和承担风险的魄力，就不可能有创新，就不可能成为企业家。

以创新为核心的企业家精神，对一个企业重要，对一个国家的经济重要，对一个时代的转型和发展也很重要。企业家精神和能力，能不能够有效发挥出来，决定着一个社会创新的速度，决定着一个社会财富增加的速度。

从历史上看，昔日欧洲从封建庄园经济向资本主义工业社会转型，在很大程度上正是社会精神从骑士贵族精神向企业家精神的转型推动的结果。而且，也正是企业家精神造就了第二次世界大战后日本经济发展的奇迹，引发了 20 世纪美国新经济的兴起。

而在今天全球化的世界经济格局中，每一个成功的企业里，必然有一个或几个引领它的优秀企业家，每一个知名的品牌中，都蕴含着厚重的现代企业家精神。一个国家的经济总量，也很大程度上受到企业家的数量和质量的影响。

现代经济学鼻祖亚当·斯密 200 多年前提出了社会分工的学说，市场规模越大分工越细；分工越细技术进步越快；技术进步越快，我们的财富增长才越快。而所有这些东西都需要企业家精神，市场不是自然而然存在的，而是靠企业家精神开发出来的。

在张维迎看来，所谓市场经济可以用一个简单的公式表示，就是：市场经济等于自由价格加企业家。自由价格为资源配置提供信号和激励。企业家对所预见的价格作出反应，并对在不确定条件下生产什么以及如何生产作出判断性的决策。企业家不仅是价格接受者，也是价格创造者。他需要在不断的"创造性破坏"中发现市场，创造新的市场。

但是，在中国模式中，这样的企业家精神非常匮乏，还远远没有爆发。

张维迎将企业家分为三类：第一类企业家，能够识别出消费者自己都不明白的需求，这是最伟大的，他们创造产业，比尔·盖茨、乔布斯就是这样的企业家；第二类企业家，能够更好地满足已有的需求，他们可以以很低的成本，进行大规模制造；第三类企业家，按订单生产，不需要太多的想象力，人家把设计都做好，他生产就是了。

中国模式之下，最多成功的企业家是第三类，做代工生产，其次是第二类。有多少人可以称为是第一类企业家？很少！少得可怜！而真正的企业家精神，恰恰集中体现在第一类企业家身上。[①]

现实的中国企业家现状，恐怕还要更加悲观。

如果许多企业家可以凭借或者依附国有垄断体制获取源源不断的暴利，如果许多企业家可以在越吹越大但就是不会破灭的楼市泡沫中登上中国富豪榜，如果许多企业家可以靠山寨产品或拷贝模式而占领市场且不断攻城略地，如果许多企业家可以靠假冒伪劣产品或者污染环境而将他人利益和社会利益化为私利……这恐怕不只是缺乏企业家精神，而是对企业家精神直接的背叛。

无论是缺失，还是背叛，都意味着商魂的失落。企业家没有了企业家精神，就等于一个人没有了灵魂。

到哪里去找回失落的商魂？

四、自由孕育商魂

为什么中国企业家缺乏企业家精神？一个悲观主义的问题挥之不去：难道是中国人天生就缺乏企业家精神的基因吗？

这样的悲观还不是空穴来风，更是一种来自历史深处的忧虑。

根据世界经济史学家麦迪森的估计，在公元 1 世纪，中国的汉朝和欧洲的罗马帝国处于同一发展水平，人均收入水平基本一致，而且直到 1820 年，中国仍是世界最大的经济体，GDP 总量甚至占世界份额的 32.4%。

很多学者认为 18 世纪中叶英国工业革命的主要条件，中国早在 14 世纪的明朝初年就已几乎全部具备了。但是，工业革命没有在中国产生，于是在英国发生工业革命以后，中国的经济迅速从领先于西方变为远远落后于西方。

德国历史学家弗兰克在《白银资本》中如是说，西方最初在亚洲经济列车上

---

① 张维迎，盛斌. 企业家——经济增长的国王［M］. 上海：上海人民出版社，2014.

买了一个三等车厢车位，然后包租了整整一个车厢，只是到了 19 世纪才设法取代了亚洲在火车头的位置。

工业革命为何没有首先发生在孕育了资本主义萌芽的中国？这个疑问被剑桥大学教授李约瑟归纳为两难问题：为何在古代社会中国科技遥遥领先于其他文明？为何在现代中国不再领先？这就是有名的李约瑟之谜。

其实，谜底就在于企业家精神。李约瑟之谜或许可以换成这样的问题：为什么西方国家的资本主义萌芽激发了企业家精神，而中国却没有？

有一种解释是"地理环境决定论"，相信一切文明都是人类应对环境挑战的产物。中国的地理环境天然适合于农耕，定居农业把人们牢牢地束缚在血缘网中，人人世世代代地按照古老的方式生活，这限制了人们的视野，使人容易产生惰性和依赖性，产生对习惯和传统的屈从。而西方由于普遍缺乏农业长足发展的条件，所以，就采取"贸易、掠夺、殖民"三位一体的文明发展模式，从而建立起西方文明所特有的货币经济与私有制相结合的经济基础。希腊混合型的海上文明具有更大的政治宽容性、契约共享性与文化流动性，大规模的商业活动使得人们远离血缘关系对人的控制。

但是，如果这种说法成立，就无法解释中国历史上曾经长时期发达的工商经济。其实，中国人一开始就是一个善于经商而且乐于经商的民族，所谓"商朝"之名可为明证，只是如此早慧而发达的工商经济，在长达千年的历史中保持高水平停滞罢了。

另一种解释是"宗教文化决定论"，即认为是西方的新教伦理催生了企业家精神。马克斯·韦伯观察到，在工业革命之初，资本主义精神普遍存在于新教地区，特别是加尔文主义活跃的地区，从而认为资本主义精神是新教伦理的产物，认为新教的入世苦行主义是资本主义精神的源流。他甚至在《中国的宗教》一书中断定中国传统社会之所以不能走向现代商业精神，根源于儒家伦理和道家价值系统。

但是，如果这种说法成立，就无法解释日本的崛起，也很难解释处于儒家文化圈"亚洲四小龙"的经济腾飞。

林毅夫的解释是"科举制度扼杀论"，他认为科学革命没有在中国发生，原因在于中国的科举制度所提供的特殊激励机制，使得有天赋、充满好奇心的天才无心学习数学和可控实验等，因而，对自然现象的发现仅能停留在依靠偶然观察的原始科学的阶段，不能发生质变为依靠数学和控制实验的现代科学。最终，走向八股文的科举制度扼杀了国人的企业家精神。

但是，中国为什么会有科举制度？科举制度又为何而生呢？答案是高度专制、大一统的中央集权制度。

钱穆在《中国历代政治得失》中，指出传统政治的一个关键词是集权，第二个关键词是抑商。抑商与集权，其实是同一个镜子的正反两面。

学者吴晓波相信，在高度专制的中央集权制度下的中国企业史，归根到底是一步政商博弈史。事实上，两千年来国家机器对商业的控制干扰、盘剥，以及出于统治地位需要的防范和戒备，是阻碍工商文明发展的最重要因素。这不难解释商业为什么会有"士农工商"的末名排序。

张维迎也认为，工业革命之所以没有发生在中国，是因为中国的专制体制和文化压制了企业家精神。科举制把优秀人才都诱惑到了政府部门当官，把国家做大了，却让创造财富的企业家精神没有了立足之地。

的确，企业家精神和权势文化之间存在此消彼涨的关系。政府部门的权力实际上并不创造价值，而只具有财富分配功能，真正创造财富的是民间和企业。当社会不再激励和奖励创造价值的企业和民众，而将人们的聪明才智、时间精力引向权力，从财富再分配中获取利益，结果必然是价值创造部门的萎缩，以及企业家精神的衰落。

权力管制一切的计划经济时代自不待言，就是在市场经济逐步建立的今天，强势政府的存在恐怕也是当前企业家精神萎靡的根本原因。政府对经济、市场活动的干预增加了企业负担，搅乱了市场秩序，破坏了预期的稳定，提高了未来不确定性，压迫了企业家的自由空间。如果说以前的计划经济体制是唯一的超级国家公司，政府强力介入的"区域竞争"不过分化为成百上千的各级"中型公司"。企业家精神，只能在夹缝中生存，如何能够茁壮成长？

从根本上讲，企业家精神的源头是自由。无论经济发展还是科技进步，最关键的是自由。只有自由，才能焕发出整个社会的创造力，才能催生更多创造财富的企业家精神。

五、呼唤中国的企业家精神

今天，中国经济进入了下半场，企业家精神的重要性越来越凸显。

因为缺乏企业家精神的中国模式已经越来越难以持续，经济转型成为当下中国最为紧迫的时代命题 。

在中国经济 30 多年的高速增长后，曾经的红利期正在渐行渐远。

对外而言，加入 WTO 的制度红利已经释放得差不多，中国经济的对外开放度近几年显著下降，由国际市场竞争带来效率提高的空间下降，经济活动必须更多地面向国内市场。

对内而言，总抚养比例低而劳动力充裕的人口红利也正在接近尾声。实际上从 2003 年起，我国 20~39 岁的黄金年龄段劳动力开始减少，这一状况已被各地出现的用工荒所证实。在 2012 年，中国 15~59 岁劳动年龄人口在相当长时期里第一次出现了绝对下降，这意味着中国人口红利消失的拐点已在 2012 年出现，以前的"人口红利"正在变为越来越沉重的"人口负债"。而且，与其他各发达国家老龄化过程比较，我国老龄化速度更加迅速。同时，未富先老，社会发展总水平落后于人口老龄化的问题非常突出。

曾经无往不胜的"后发优势"正在逐渐变成"后发劣势"。已故经济学家杨小凯认为，落后国家模仿发达国家的技术容易而模仿发达国家的制度难。正因为后发展国家可以轻易地模仿，快速发展经济，所以，后发展国家会缺乏动力去改革自己的制度。这样落后国家虽然可以在短期内使经济获得快速增长，但是会强化制度模仿的惰性，给长期经济增长留下许多隐患，甚至牺牲长久繁荣的机会。

杨小凯的预言正在慢慢应验，中国模式带来的后遗症不可回避。

首先是内外经济的严重失衡。长期以来出口导向政策之下，依靠生产低附加值产品换取外汇，形成高额国际贸易顺差，但在国际分工体系中的地位难以提升；积累大量的国家外汇储备，导致资金流动性过剩，资产价格出现通胀趋势。

其次是内部经济的严重失衡。在投资驱动政策之下，中国固定资产投资占GDP的比重最高接近50%，造成的结果是劳动者收入提高过慢，消费需求严重不足，也使得经济增长后继乏力。2013年上半年的数据显示，最终消费占GDP的比重由15年前的62.5%下降到现在的45.2%，下降17个百分点，与世界平均水平的65%相比低近20个百分点。

更重要的是，中国经济增长的成就是在社会、资源和环境方面付出巨大代价的条件下取得的。中国消耗了全世界能源总量的21.3%，只生产了世界GDP总量的11.6%，这不仅带来了资源的高消耗，而且也造成了环境的破坏。2009年世界银行的报告指出，由于环境破坏，造成了中国的国民收入损失9%，这几乎是和我们的国民收入增长的速度相同。

与此同时，国富民穷、腐败横行、房价高涨、通货膨胀、贫富不均、社会不公等问题逐渐显现。

按照经济学家吴敬琏的说法，中国现在的市场经济仍然是一种"半统治半市场的混合体制"，如今重新走到了一个十字路口，面临一个选择。

在这样一个关键时期，鼓励和促进创新是转变增长模式的根本性措施。而企业家的使命和工作就是创新，因此重提和重振企业家精神就显得格外重要。这要求通过深化经济体制改革，让市场发挥配置资源的基础性作用，让企业和民众回到舞台的中心。

也就是说，中国模式必须转型，中国式企业家也必须转型。而且，与市场经济上半场中国模式催生中国式企业家不同，到了市场经济下半场，中国模式的转型必须要靠拥有更多企业家精神的中国企业家来推动。

若问当下的中国经济最缺的是什么，答案是"企业家精神"；若问未来的中国经济最需要的是什么，答案还是"企业家精神"。

但是，企业家精神也不是天上掉下来的，而是需要一定的现实环境与更深层次的制度土壤。

因此，仅有经济体制改革还远远不够。在吴敬琏看来，说我们直到现在还在"摸着石头过河"，是一种误解。"摸着石头过河"是 20 世纪 80 年代初期的做法，如今不能再"走一步看一步"，而要有明确的顶层设计。他和更多的经济学家都相信，下一步改革的重点应该是政治体制改革。只有建立起真正的法治和民主制度，经济市场化才有制度基础，中国才能成为真正的市场经济国家。

中国的企业家必须参与到这个伟大的进程中。企业家王石就认为：中国的改革就是一个最需要企业家精神的课题。这不仅需要领导人发现体制目前所存在的问题，还需要企业家能在目前价值如此多元的社会里，团结起足够多的共识之士，以推动改革向更深层次发展。

他说，有这样的自信，有这样的自我期许，企业家才能在社会上形成更大的影响力：企业家们不仅仅为社会提供就业与财富，企业家精神更是社会进步的动力。这种道德勇气意味着更多的付出与努力，更意味着要在许多不熟悉的领域发挥企业家精神，去促使那些有价值的改变发生。[1]

问题是，中国的企业家们做好了在一定程度上领导这个社会的准备吗？

如果说企业家精神的缺失，源于企业家的生存环境和制度土壤，那么企业家作为拥有更多经济资源和社会资源的群体，有更多责任去改变这样的生存环境和制度土壤，而不是无所作为、随波逐流地顺应乃至迎合这样的生存环境和制度土壤。

如王石所言：如果我们都移民出去，企业家的作用也就消失了。滔滔江水是一股一股溪流汇集而成的，中国的未来应该是民主、公平、正义、光明的，我们就像涓涓流水那样，要从自己、从自己的企业做起，如果自己不这样做，总是指望上面去改，那是没有希望的。

中国企业家，应该在中国的经济增长和社会进步中发挥更大的作用，甚至成为最重要的推动力量。真正的企业家精神的觉醒，就是中国的未来。

---

① 王石. 什么是企业家精神 [J]. 人力资源管理，2013（10）.

参考文献

1. 马克斯·韦伯.新教伦理与资本主义精神［M］.上海：上海人民出版社，2010.

2. 米尔顿·弗里德曼.资本主义与自由［M］.北京：商务印书馆，2004.

3. 罗纳德·哈里·科斯.变革中国——市场经济的中国之路［M］.王宁，译.北京：中信出版社，2013.

4. 厉以宁.中国经济双重转型之路［M］.北京：中国人民大学出版社，2013.

5. 吴敬琏，马国川.中国经济改革二十讲［M］.北京：生活·读书·新知三联书店，2012.

6. 吴敬琏.呼唤法治的市场经济［M］.北京：生活·读书·新知三联书店，2007.

7. 林毅夫.解读中国经济［M］.北京：北京大学出版社，2012.

8. 林毅夫.从西潮到东风［M］.北京：中信出版社，2012.

9. 周其仁.改革的逻辑［M］.北京：中信出版社，2013.

10. 周其仁.产权与制度变迁——中国改革的经验研究［M］.北京：社会科学文献出版社，2002.

11. 张维迎. 市场的逻辑 ［M］.上海：上海人民出版社，2010.

12. 樊纲. 发展的道理 ［M］.北京：生活·读书·新知三联书店，2002.

13. 秦晖. 共同底线 ［M］.南京：江苏文艺出版社，2013.

14. 王福重. 公平中国——开启未来十年新奇迹的钥匙 ［M］.北京：东方出版社，2013.

15. 吴晓波. 历代经济变革得失 ［M］.杭州：浙江大学出版社，2013.

16. 易富贤. 大国空巢——反思中国计划生育政策 ［M］.北京：中国发展出版社，2013.

17. 于歌.现代化的本质 ［M］.南昌：江西人民出版社，2010.

18. 任志强. 野心优雅——任志强回忆录 ［M］.南京：江苏文艺出版社，2013.

19. 彭文生. 渐行渐远的红利——寻找中国新平衡 ［M］.北京：社会科学文献出版社，2013.

20. 林左鸣. 用企业家精神点燃时代引擎 ［M］.北京：航空工业出版社，2013.

21. 刘海影. 中国经济下一步：繁荣还是陷阱 ［M］.北京：中国经济出版社，2013.

22. 迟福林，等. 第二次转型——处在十字路口的发展方式转变 ［M］.北京：中国经济出版社，2010.